分享叢書

生命有限而寬度無限，分享人間生命的故事

創齡

【目錄】本書總頁數共320頁

序／駱紳

老人們，請奮起！

說到對老人的體恤和貼心，日本可說排名世界第一。三十年前，日本已經大量推廣無障礙空間；二十年前，他們鼓勵公共場所把推門都改成拉門；等我們注意到這個問題的時候，日本已經又把拉門改成感應門。這些小小的改變，都只是希望讓老人的生活更為方便而已。

相對於日本尊重老人的態度，我們還常常需要討論，怎樣規範年輕人不要占用博愛座，真是令人感到汗顏啊！人都會老，少年ㄟ難道沒有想過，有一天，自己也會需要別人讓座嗎？

有人開玩笑的給「老」下了一個這樣的定義（以下為台語發

音）：

站咧無元氣，坐咧就哈戲，倒咧睏袂去，放尿潺潺滴；
無食愛生氣，食飽直放屁，見講講過去，現講現忘記；
出門無地去，每日想要死，要死無勇氣，只好活下去。

讀了之後，真是洩氣。如果老後的人生歲月就是形容的這樣，那麼活下去也就沒有多大意思了。

日本是眾所公認的老人國，對銀髮長者十分尊重，頒發「人間國寶」的榮銜，鼓勵老人繼續貢獻他們的所長。

日本介助服務協會 NCSA（Nippon Care-fit Service Association）將 Gerontology 理念從「老人學」轉換為「創齡」一詞，以正面角度思索人生課題，鼓勵健康的老人能多外出、過快樂的生活，以建立一個活潑開朗的高齡社會為目標。「創齡學」也成為從容不迫地邁向老年，讓生活更充實的一項學問。人老心不老，坦然面對身體的老化，並與之共存，繼續築夢、追夢，開創充滿挑戰的人生。

我們幾個朋友都在銀髮族相關領域工作，對「創齡」一詞深感興趣，因此覺得應該寫一本書，用這樣的理念鼓勵銀髮長者再奮起，而不是像前面形容的那樣「窩囊地活著」。

這本書的趨勢部分，由我執筆，我從《中國時報》副總編輯退休後即擔任社團法人台灣銀髮族協會副秘書長，目前擔任台灣喜大人協會秘書長，所從事的都與老人問題相關。我以銀色風暴」為題，提出地球的危機不僅在於暖化，更嚴重的是「老化」……。

另外「美國的老人與老年問題」，則由長庚醫院榮譽副院長朱迺欣博士執筆。朱醫師除了學術專業論著和文章外，也有多本通俗著作，並翻譯《尋找腦中幻影》（*Phantoms in the Brain*），和《禪與腦》

（*Zen and the Brain*）。他目前正在著手寫作銀髮族的《熟腦》，不同於腦病的介紹，是一本開發銀髮智慧的書。

在「醫療照護與老年產業」以及「創齡」理念之下，日本老年力的再產出部分，由財團法人金屬工業研究發展中心區域研發服務處專案經理劉豊志博士執筆。劉博士是國內相當資深的銀髮產業專家，他的文章裡面有許多珍貴的實例，介紹日本這個國家，其老人如何受到社會的關懷，他們又如何繼續創造個人的貢獻，將最鮮活的事例，一一攤在讀者眼前。

談到老人問題，當然也不能少了「安全舒適的老年居住空間」，這部分由雲林科技大學建築與室內設計系曾思瑜教授執筆。曾教授已經有過不少這方面的著作，她特別為本書，重新撰述老人居住空間最重要的幾個關鍵，一一詳加介紹，務使銀髮族的生活空間能得到最適當的安排。

文章的最後，我們介紹了九位活出精采的銀髮人物，作為「創齡」的精神指標，看看他們如何在步入老齡之後，找到人生另一個奮鬥、追尋的目標。

綜觀本書，具備了六個元素：談趨勢、美國老人生活現況、日本社會對老人的親善關係、銀髮產業與照護工作的他山之石，以及老人舒適生活空間的安排，最後則是鼓勵大家效法九位銀髮長者樂活、養生以及「人生七十再開始」的「創齡」思維。希望每一個人到了老年歲月，都會煥發出另一股熱情，追尋更多不同的夢。

老人們，請奮起，加油！

I

銀色風暴

◆

駱紳

地球的危機不僅在於暖化，更嚴重的是「老化」……

二〇三三年，台灣將超越日本成為全球最「老」的國家

二〇一〇年的九九重陽前夕，國內一份財經雜誌特別製作了一個專題，醒目的標題寫著：「五百萬老人潮來襲！台灣陷入人口負債時代，你該怎麼辦？」看了這樣的標題，誰還有心情慶祝「重陽節」呢？

記者在文中說：「現在台灣有二四八萬名老人，但是十五年後，老人將倍增為四七五萬人，占總人口的二十．三%，相當於每五個人，就有一位老人！對整個社會與經濟將產生重大影響。快速增加的老人潮，像海嘯一般襲來，但是不論政府或個人，都未做好準備。」

這個專輯發表的時候，日本大海嘯還未發生，大家對海嘯的威力，恐怕還不覺得恐怖，但是半年後的三一一日本大海嘯發生，大家總算知道它的威力；想到「老人問題」即將像海嘯一樣來襲，雖然大

家心有戚戚焉，但是說真的，海嘯來的時候，除了逃命，能做的準備還真是有限。

雜誌社做這樣的專題不是沒有原因的，因為二次大戰結束於一九四五年，到專輯發表的這一年，也就是二〇一〇年，剛好滿六十五年；聯合國定下的老齡人口標準正是六十五歲，也就是說，戰後出生的嬰兒潮，跨過門檻，從此開始要以六十五歲的高齡，一批批退出職場，那種感覺，真的只有「海嘯來襲」可以比擬。

地球暖化、石油枯竭、細菌變種、戰爭頻仍、宗教衝突、糧食短缺……，每一個問題如果放大來看，都會造成大災難，最後就應驗了馬雅文化的預言，地球將在二〇一二年毀滅。

不過，如果地球真的會毀滅，原因應該再加一條，就是人口老化，長者太多，年輕人太少，人口失衡，社會生產力下降，最後終於轉不動了。

人口老化是全世界的問題，只是嚴重情況不一。我國經濟部為了提前因應台灣產業科技的未來，委託經濟部技術處做了一份「二〇二〇應用與創新前瞻」的研究計畫，這個計畫包括了亞洲復興、黑色（石油）商機、女性崛起、氣候變遷、傳產再起、專屬行銷、多元居民（新台灣之子），還有慢活趨勢與日本領頭的「高齡之雁」*。

在該文第九節的「銀色智慧與活力」裡面，研究者拿六十五歲以上人口比例最高的五個國家做標竿，這五個國家是日本（六十五歲以上老人占總人口的廿三．一％），希臘（二十．四％），德國（二十．三％），義大利（十九．三％）及瑞典（十八．八％），進行許多基線的計算與觀測。

比較有趣的是瑞典、德國、義大利跟希臘都在一九五〇年以前就進入「高齡化社會」，但是截至二〇一〇年，卻都還沒有邁入「超高齡社會」；可是日本慢了二十年，也就是一九七〇年才進入「高齡化社會」，但只經過短短三十五年時間，在二〇〇五年就跨入了「超高齡社會」。

根據聯合國對高齡社會的定義有三個指標：

・當一個國家的老年人口比率到達七％的時候，表示這個國家邁入「高齡化社會（Aging Society）」。

・當一個國家的老年人口比率到達十四％的時候，表示這個國家邁入「高齡社會（Aged Society）」。

・當一個國家的老年人口比率到達廿一％的時候，表示這個國家邁入「超高齡社會（Super Aged Society）」。

這三個英文單字差異不大，但是衍生的問題卻完全不同。

有了這些前提的論述，大家再來看看台灣的老人問題有多嚴重。

＊指亞洲地區人口結構朝向高齡少子化的雁行發展趨勢，其中又以日本擔任「領頭雁」的角色。

經建會在二〇一一年發表統計數據指出，二〇一一年台灣地區人口老化程度排名世界第四十八，但最快在廿二年後，台灣將超越日本成為全球最「老」的地區，較原先預測提前七年。加上台灣的生育率世界最低，人口老化的程度恐將侵蝕國本。

這幾年大家都看到政府頻頻頒布政策鼓勵生育，不但打廣告、辦活動，甚至提供育嬰假跟各種補貼，然而卻成效有限。雖然從二〇一二年開始，「龍年懷孕潮」開始發酵，但這畢竟只有短期的效應，龍年之後大家對「生小孩」還會不會有這麼高的意願，是一大疑問；但是「老人」問題可不一樣，你不需要鼓勵，不用給獎金，「老人」自然會越來越多。

經建會很悲觀地預測：一九九〇年以後出生的年輕人，將有三成沒孩子、四成沒孫子，五十年後老年人口將成長三倍，這個預測簡稱為「九〇三四現象」。

急速少子化的影響，不僅造成人口結構改變，連帶使婦產科醫師不再接生，轉入整型美容市場，榮總院長林芳郁在媒體上大聲疾呼，希望政府注意內科、外科、婦產科跟小兒科沒有醫學系學生要投入的「四大皆空」現象。私校招不到學生進而縮減倒閉，產生更多流浪教師；企業勞動人口與人力需求嚴重不足，導致國家整體生產力下降。對此，有媒體稱，台灣少子化現象堪稱是國安層級的問題，連總統也表示憂心。

我的老朋友彰化市博元婦產科院長蔡鋒博醫師表示，國內現在已經浮現「年輕者懷孕忙墮胎、中高齡婦女想生卻難懷孕」的M型求診生態，因此他呼籲從健保給付來減輕不孕夫妻的負擔，否則台灣的國力與經濟競爭優勢，將隨著人口急速老化而逐漸喪失。

老人太多，小孩太少，真的不是說說而已。有一次，我到一所私立高中參加會議，校長帶著大家巡視校園，他突然手指著學校附設的托兒所說，「現在小孩越來越少，托兒所很快就要關門，我們正在認真思考，如何將這塊用地改建成安養中心。」語氣十分沉重。

老人倍增所形成的「銀色風暴」正席捲全球，我們也身陷其中，那份雜誌說得沒錯，「老人潮」來襲，大家該想想，能做好怎樣的準備吧。

石原慎太郎的直言：「停經婦人還活著是一種恥辱」

以講錯話著名的東京都知事石原慎太郎，曾經在二〇〇二年十月發表「文明帶來的罪惡就是老太婆」、「女性在停經後已經不具備任何生育能力，再繼續活下去，只是一種浪費」等歧視女性的言論，引發極大風波，有一百多名日本女性立即提出告訴，要求石原為他的失言道歉，並且支付一千三百萬日圓賠償。

石原先生的講話，意味著老年人活著只是消耗糧食，如同烏龜啃大麥，根本沒有對社會積極貢獻的價值，他只差沒說出口，「人老了，最重要的責任就是應該要去死」。

石原先生講這些話的時候，已經七十高齡，可以用日薄西山來形容，以一個年高七十的男人來說，在年輕人輩出的時代，其實也可以說是「這樣再繼續活下去，只是一種浪費」。

不過，石原慎太郎的這番荒唐言論，並不是他憑空想出來的，一九五八年，松竹電影公司就由木下惠介執導兼編劇，將改編自深澤七郎的同名小說《楢山節考》拍成電影，闡述了類似這樣的觀點。一九八三年今村昌平又重拍一次，可見這樣的觀點確實有值得討論的價值。

《楢山節考》以歌舞會特有的開場白揭開該片所根據的「姨舍」傳說，由於食物匱乏，信州（今長野縣）的老人一到七十歲就要依傳統習俗至樽山待死。片中飾演老婦的田中絹代以及飾演辰平的高橋貞二，演技十分生動感人。對於這部描述民間棄老習俗的電影，雖瀰漫著殘忍的異樣人生觀，但導演木下惠介將日本傳統藝術之美結合在電影裡頭，讓人感覺「死亡」優雅、深沉的一面，而忘記了它殘酷的本質。

但是更恐怖的是林惠祥所著的《文化人類學》（台灣商務出版），寫蘇門答臘峇塔人（Battas），他們以隆重的儀式、懇摯的孝心，吃他們老年父母的肉。這種盛宴的舉行，都選在鹽價便宜的時候。

在擇定的那天，被吃的老人先爬到樹上，親人和朋友們則齊聚樹下。大家齊敲樹幹，擊節唱歌。大意是：「看呀！果實熟了，要由樹上掉下來了」，這時候老人便由樹上落下來，他的親人便把他宰了吃掉。

老人的不事生產、耗費資源，在物質貧乏的年代，確實會引人嫌惡，希望他們趕快死去，即使現在物質豐足，人道主義也抬頭了，但是人到底要活到多老，對於瀕死的老人究竟要不要延長其壽命，仍然是大家十分關注的問題。

日本二〇一一年三月十一日發生地震與海嘯，造成一萬九千多人死亡或失蹤，該國發布報告，表示這項天災影響到國人平均預期壽命。據日本共同社報導，地震重災區的岩手、宮城和福島縣，在大約一萬三千具遺體中，已確認年齡的遺體多數為六十歲以上的老人，占六十五・二％，其中七十至七十九歲就占了廿三・九％，可見日本老人之多，也是災難中最重大的傷亡者。

老人問題雖然在日本造成極大的負擔，但是這個癥結顯然還會延續下去。日本人的預期壽命之長，在全球數一數二，女性的預期壽命從二〇一〇年的八十六・三九歲，將會延長至二〇六〇年的九十・九三歲，男性則從七十九・六四歲增加至八十四・一九歲，在可見的未來，七、八十歲的日本人，真的可以誇口自己的人生「才剛開始呢」。

老人日漸增多，人口結構也因此改變。日本厚生勞動省表示，到了二〇六〇年，日本人口預計將下滑三十%，總數不到九千萬人；但是，六十五歲以上的人口將達到四成，凸顯這個人口老化速度全球數一數二的社會，其財政負擔是多麼沉重。

由於出生率低和預期壽命延長，日本人口老化的速度是已開發國家中最快的。厚生勞動省研究部門預測，二〇四八年，日本人口將從二〇一〇年的一億二八〇六萬人降至一億以下，到二〇六〇年將再度下滑至八六七四萬。

到了二〇六〇年，十四歲及十四歲以下的人口數，預計將減少超過一半，來到七九一萬人。報告也指出，一百年後，日本人口數預計將降至目前的三分之一，而五十年後，日本女性平均年齡將超過九十歲。

厚生勞動省附屬全國人口和社會安全研究所（National Institute of Population and Social Security Research）的預測報告預估，五十年後，日本婦女平均將只有一．三五個小孩，遠低於人口替代率。

日本人口數下滑，是因為許多年輕人延遲組成家庭，認為這會成為他們生活方式與職業生涯的負擔。經濟成長緩慢也妨礙年輕人生小孩。其實，這樣的情況好像正在台灣複製，因為我們在台灣也看到年輕人因為經濟負擔不起而逐漸延後結婚的年齡；一旦結婚，也不敢有孩子，我們可以說，日本的社會現象正是我們的「他山之石」。

近一百年來，工業化讓日本人口高度集中都市，目前農村不但人口少，平均年齡也偏高，依照統計，日本農村人口的平均年齡是六十五歲，不過，二十年來的經濟不景氣，讓不少日本人有了回到鄉下發展的念頭。

目前每到星期假日，日本許多農村都會出現遊覽車載著從城市到鄉下來看看鄉下環境，以及看看是否有發展機會的都市人。一些返鄉的日本人說，在鄉下不但生活壓力小，空氣清新，人情味也濃，他們跟左鄰右舍的感情都很好，所以想要到農村工作生活的人越來越多。

我最近看到報導，台灣的留日碩士賴青松在宜蘭員山深耕「穀東俱樂部」，也帶動了一股返鄉務農的新力量。他和一群宜蘭小農合組「大宅院友善市集」，匯聚微弱的小農力量，分享自己的農作物，分享對土地的熱愛，也分享未來的願景，希望這個現象能複製出去，讓愛台灣的年輕人，也能為老人充斥的台灣農村找出一條新的活路。

台灣老化地圖很快就會畫到你家門口

談到人口老化，我們還可以從另一個角度來關心：二〇一一年七月十一日衛生署公布台灣老化地圖，其中嘉義縣、雲林縣、澎湖縣被標註為「高齡縣」。

報告中還標示：全國一共有廿三個鄉鎮是「超高齡社區」。「超高齡」的意思就是當地老年人口比率已經到達廿一％；這也意味著該社區每四到五個居民當中就有一位是老人！而其中新北市平溪區則是全台老年人口比率最高的鄉鎮，達到廿五．八％。

衛生署預估，未來十四年台灣人口老化速度會三級跳，將從「高齡化社會」轉眼就變成「超高齡社會」。而由於台灣老得快、生得少，不到十年，恐怕國家競爭力就會面臨危機。換句話說，即使你現在居住的地方還不屬於「超高齡地區」，也不用高興得太早，「台灣老化地圖」很快就會畫到你家門口，把你居住的地方圈進去。

而為了因應人口結構變遷衝擊，二〇一一年十一月五日，由前瞻社、工商建設研究會等共同主辦的「強化前瞻體系，因應人口結構變遷衝擊」論壇在台北舉行，當時的副總統蕭萬長在會中表示，台灣人口老化速度超乎想像，人口結構失衡恐將衝擊競爭力。

蕭萬長先生說，人口老化對經濟發展最直接的衝擊就是生產力結構的改變，且高齡、單身、無子女家庭增加，家庭結構隨著人口結構轉型，國人生活型態與消費方式也會產生轉變，這些都會對生產力與競爭力造成衝擊。

蕭萬長說，政府目前以：一、朝向營造樂婚、願生、能養的環境，提升國人婚育意願；二、完善老人經濟安全與醫療制度，強化高齡照護；三、營造國際化環境，適時引導國家所需要人力移入；四、設立層級較高的專責組織，負責政策制定與督導；五、成立國家人口或社福家庭的研究中心等五大方向規劃。

立法院長王金平致詞時也談到農村人口老化問題，表示應鼓勵並幫助從農村出走的年輕人回到農村，為農村注入活力。

不過，我們應該聽一些比較真實的發言：與會的人口政策專家薛承泰指出，相較於歐盟在總生育率低於一．六（平均每位婦女生產一．六個孩子）時，就已開始採取應變措施，讓生育率至今保持在一．六的水準，台灣在二〇〇〇年達到一．六時，卻未提早因應，導致現在施展任何措施效果都有限，現在最重要的是爭取時間，讓高齡化衝擊的爆發力減弱。

他說，日本人口高齡化問題較台灣更嚴重，相關政策可做為台灣借鏡，如透過促進女性就業策略、保障工作權，將有助於提升生育率。在高齡化政策方面，則採活化高齡人口資產方式，採推廣反向抵押貸款、降低贈與稅等做法。

薛承泰也說，歐洲國家如瑞典就有完整育兒制度，藉此提升女性就業率。法國則是改善育兒和就業環境，使得總生育率從一九九〇年代中開始逐漸提升。他強調，台灣應從基本的促進就業、提供照顧小孩和老人的友善環境著手，才有機會減緩高齡化帶來的衝擊。

不過，即便大家越來越清楚這些問題的嚴重性，但是令人沮喪的是，我們還應該聽聽另一種官員和學者以外的聲音：國民健康局人口與調查研究中心主任洪百薰曾經表示：前述的「超老化社區」，調查數據都來自戶籍資料，有些人口外流的鄉鎮，因為年輕人出外找工作，戶籍仍在當地，那麼這裡所說的老化情況，加上年輕人口外流，說不定真實數據還不只這樣。

隨著年紀增長，各種慢性病也越來越普遍。統計近九成老人至少會出現一項慢性病，患有三項以上慢性病的老人比率更高達五成，以高血壓、白內障及心臟病最常見。國健局憂心，從生育率急速下降到人口超速老化，隨著未來十年扶老比急速上升，推估從七：一變成四：一，社會恐怕承擔不起醫療費用與長期照護費用的飆漲。

從日本的例子來看，日本自九〇年代資產泡沫破裂後陷入長期通貨緊縮，一般認為，通貨緊縮的另外一個原因便是人口老化造成，因為人力資源乾枯、社會安全負擔持續增加，導致日本經濟被拖累，再加上大環境因素使然，導致日本經歷了長達十數年的衰敗。這也讓許多人擔心，台灣老年人口急速地增加，勢必將對經濟造成極大衝擊。

台灣人口老化的另外一個問題，就是「老得太快」。

「高齡化社會」的判斷標準是以六十五歲的高齡人口比率從七%增加到十四%的「年數」來看老化速度，法國歷經一百一十五年才「慢慢變老」，瑞典花了八十五年，美國則花了七十三年，但台灣在一九九三年達到七%，預計二〇一七年達到十四%，等於只花了廿四年就快速老化，速度雖比二〇〇七年已達廿一%的日本慢，但遠比歐美國家快很多。因此，政府更應該及早因應。

國健局也提出了台灣人口快速老化的原因，主要是因為二戰嬰兒潮的出現，再加上出生率銳減所造成。這些二戰後出生的「嬰兒」人口曾支撐起台灣經濟奇蹟，不過從二〇一〇年起，他們已開始進入六十五歲，正式成為老年人口。

這些老年人口的健康與否，也與台灣的經濟息息相關。據健保局統計，單是民國九十九年，六十五歲以上老人就占了健保對象的十．六九%，據估算平均每一百元（新台幣，下同）門診住診醫療費用，就有三十四元用於老人。未來，這個數字還將快速攀升。

官方統計，預計民國一〇六年，台灣老年人口就會超過十四%、進入「高齡社會」，到民國一一四年，台灣更將邁入老年人口超過二十一%的「超高齡社會」，屆時走在路上每五個人中就有一名是老人。這些老人因素，也將使得全民健保負擔額及勞動力結構更加沉重。

歐豬中的希臘跟義大利為什麼會「樓起樓塌」？

二〇一二年四月五日，從雅典發出的一則外電，宣告了一件發生在希臘的悲劇。一名手頭拮据的七十七歲希臘老翁，當天在首都雅典國會大廈外舉槍自殺。

他留下的遺言表示：「自己拒絕在垃圾堆中搜尋食物」。這名退休藥劑師的遺書，觸動所有深受經濟危機衝擊的希臘老百姓心中之痛。而他的公開自殺行動，當然也就迅速在國內引發廣泛同情。

老翁身亡後數小時，自殺地點所在的市中心憲法廣場（Syntagma Square）上一個臨時祭壇，擺滿蠟燭、鮮花以及譴責債務危機的手寫留言，圍觀路人紛紛向死者致敬。

釘在樹上的其中一張留言表示，「夠了就是夠了！」，另一留言則質問「誰會是下一個受害人？」數百名憤怒示威抗議者，於傍晚遊行進入憲法廣場，部分人高喊「這不是自殺，而是國家犯下的謀殺！」

目擊者表示，那名老翁選在早上交通尖峰時段，高喊「我債台高築，再也受不了」，然後朝頭部開槍自殺。另一名路過者告訴希臘電視台，那名老翁說，「我不想債留子孫」。警方表示，在老翁口袋內找到的一封遺書，指責政治人物和財務困境把他逼上絕路。

「我再也受不了」、「我不想債留子孫」、「政治人物和財務困境把我逼上絕路」……，這幾句話聽起來再熟悉不過，不都是我們每天看電視談話節目在討論的「標題」嗎？

印象中，羅馬武士總是在揮劍討伐，希臘的政治家則是在議事堂上雄辯滔滔，這兩個國家都曾在歷史上盛極一時，但是他們的祖先怎能想到，二千年後的今天，人民生活落到這樣的下場。

國家由盛而衰，因素一定不只一端，但是我參考經濟部技術處所做「二〇二〇應用與創新前瞻」的研究計畫，在第九節的「銀色智慧與活力」裡面，提到全世界六十五歲以上人口比例最高的五個國家，依序是日本、希臘、德國、義大利及瑞典，德國、希臘跟義大利赫然在榜上高掛。

老人很多，會造成怎樣的衝擊？我想執政者應該以希臘為例，多想想看。《今周刊》二〇一一年十一月所做的專題，談到政黨惡鬥的希臘與義大利，兩國人口老化程度不若日本，但在債務爆發的前十年，希臘與義大利對於老人福利相關的社會支出，都比以完善老人福利著稱的日本還高，分別高達十%、十一%。

該刊根據研究發現，從我國政府各部門所公布的數字推算，台灣預計在民國一二〇年，政府所掌握的四大基金，包括郵政儲金基金、勞保基金、勞退基金、公務人員退撫基金都會完全破產，步上今天希臘的後塵。希臘現在平均每五人就有一人失業，且在接連數波減薪和削減退休金後，到處瀰漫國家尊嚴掃地的氣氛。這會不會就是我們的將來？

過去我們常常說，「不要給孩子魚，要給他釣竿。」其實現在面對老人問題的時候，也應該秉持同樣的態度。「不要給老人錢，給他釣竿，看看他還能不能二度就業，自立更生？」

可惜的是，老人即使可以再度回到就業市場，很多人也會在「被寵壞」的情況下，顯得興趣缺缺。請問如果一個人退休後，還可以請領數萬元的月退俸，那他何必辛苦工作？儘可以「坐以待『幣』」、過著「水深火熱（天天泡SPA）」、「度日如年（每天都像在過年）」的生活。

另一方面，主政者的考量，以發錢討好選民最快、最方便，不用考慮這些錢是哪裡來的。

新北市政府就以「照顧老人健康」為名，從二〇一二年開始，辦理「老人健康補助金」，最高補助二萬元，是目前其他縣市所沒有的創舉。由廿九區公所里幹事或相關人員，一年兩次親自到府或採定點發放，並藉由發放同時訪查長者身體狀況，作為後續照顧的依據。若連同既有的重陽節禮金，新北市的老人一年可以收到三次的補助金或禮金。

新北市在「老人健康補助金」創新辦理說明會中表示，這項健康補助金的辦理，是要讓健康的老人更健康，有需求的老人能得到照顧，藉由發放補助金的過程，同時訪查長者的身體狀況和起居生活，像是身體是否健康、是否偶有病痛、還是病臥在床、需人照料等，甚至是有沒有家人同住、還是獨居等，當作後續照顧依據。

新北社會局長李麗圳表示，「老人健康補助金」的發放，共分四個級距，凡連續設籍新北市一年以上，年滿六十五歲至七十九歲長者，每人每年最高補助三千元；八十歲至八十九歲則為四千元，九十歲至九十九歲則為一萬元，百歲以上人瑞則為二萬元，這項補助於每年三到四月和七到八月，分成兩梯次發放。

新北市老人福利推動聯盟理事長陳騰麒則表示，老人「呷老囝仔性」，領到這筆補助金比中愛國獎券還高興。

當然高興，誰拿到錢會不高興？

問題是「好像中了愛國獎券」的新北市老人高興，其他地區的老人卻哭了。無法領到這樣救濟的低收入戶、殘障者、失業人口、無殼蝸牛……，都在旁邊哭了。

而且，新北市發放對象普及全市廿九區，受惠長者又高達三十三萬多人，要動員多少人力支援？除各區公所里幹事外，相關人員也都要協助辦理發放和訪查，這些也都是錢！錢！錢！

接下來，更會有縣市跟進、甚至加碼，擴大給付範圍；洞越挖越大，一直到大家都一起掉進去為止；這就是希臘的前車之鑑。

與老共舞，你準備好了嗎？

台灣現在六十五歲以上的老人，根據內政部最新的統計，到一〇一年四月，已經來到二百十五萬四五三二人（占總人口十一%）。

台灣過去每年約增加十萬到二十萬名老人，但是即將出現的戰後嬰兒潮暴衝，則是以五年一個統計級距，將有十二萬到一八〇萬人擠進這個統計數字，換句話說，每年增加的老年人口將近百分之二。

立緒文化出版的《老年之書》特別提到：

「老齡」在近幾年成了一門新的顯學。因為當年那些受過很好的教育的中壯年知識群，現在也成了老年知識群。他們無論在經濟上、知識上、健康上，都有能力來關心和照顧這個話題。他們還掌握著今天這個社會的許多資源，他們不再是弱勢、邊緣人，甚至也不再是社會的負擔（例如在物質上和精神上，他們依賴子女的地方越來越少了）。他們有照顧自己的能力。

這些新一代的老人，雖然認知與以往不同，能力也比上一代強得多，但是他們面臨的是一些新的挑戰，在與老共舞的同時，有一些新的課題是需要深層思考的。

健康方面：

公視曾經製作一個節目，介紹世界各國的老人如何生活，節目中說，一九九七年逝世的法國婦人珍娜．卡爾曼（Jeanne Louise Calment）是世界上活得最老的人，過世的時候是一二二歲。另一位人瑞韓德莉克．穆可吉．范安德爾—席波（Hendrik Mukherjee Fanandeer-Xi Peiper）則是一一四歲，她在鏡頭前還接受朋友的道賀與親吻。類似這樣的高齡人瑞，據說在日本更是多得不可勝數，三十年前，日本就有五百位人瑞，現在根據統計，則是到了二萬人之多。

以前的人不敢奢想要「長壽」，但是現在由於醫學進步，人人都想「呷百二」，很多人也自恃可以「呷百二」，認為那才是天年，即使已經七老八十，還是堅持自己可以無止盡地活下去。這樣的樂觀態度，當然很好，但是萬一不能「呷百二」，甚至八十、九十歲的關卡都過不去呢？你應該做好哪些準備？

第一、你的完整病歷最好寄放一處。老人越來越多，現在全國各大教學醫院都在發展高齡醫學，有幾家醫院甚至開辦老齡聯合門診，你可以選一家離住處不遠的醫院，將病歷匯集一處，專就一個地方看診，老年病重時，醫生只要翻閱全部病歷，就可以瞭解你的病情，不需要從頭一項項全身檢查。

第二、想好緊急情況要往哪裡送？老年人的醫療問題一定要想到「最後、緊急時往哪裡送」？有很多人為了方便，生病就在小診所拿藥，對於感冒這樣的小毛病是無妨，有的人有心臟病，卻為了省事，只在工作地點的保健室或是家裡附近的藥房拿藥吃，請問一旦急性心臟病發作，最瞭解你的是小保健室的醫生或藥房老闆，你的家人可以把你送去那裡急救嗎？如果有心臟病、中風這樣的疑慮，一定要有一位相熟的好醫生，這醫生就像菩薩，一段時間就要去找他定期檢查一下，如同初一十五去上上香，求個保庇；也如同汽車定期進廠保養，讓師傅掌握你的車況。

第三、你選定的醫生不能比你老。有些人看病迷信名醫，這些名醫所以知名，最少要經過十七年的磨練，再累積一點經驗的話，多半已經半百，甚至七老八十，你要算算他們的年齡與你差距多大，如果你到七十多歲需要他的手術幫忙，可是對方已經八十好幾，甚至退休，那不是全功盡棄。

第四、關於安寧照顧、氣切、插管與器官捐贈，要事先做好安排。很多人說：「我不怕死，就怕拖。」確實，要死不死其實是比死還要折磨。老人越來越多之後，我相信政府對於安寧照護、放棄 CPR（心肺復甦術），或者是器官捐贈的工作，一定會做得更積極。

銀髮族常把「拒絕CPR」、「生命末期就接收安寧療護」這些話掛在嘴上，但是我問他們有去填資料嗎？都說沒有。顯見是一知半解。根據統計至九十九年八月止，我國計有四萬四千多位民眾簽立「預立選擇安寧緩和醫療」意願書，並已註記於健保IC卡上。另健保局亦自九十八年九月一日起，將安寧住院與安寧居家照護納入健保給付，截至目前為止，已有三十七家醫院提供安寧住院、六十四家提供安寧居家服務，每年約服務七千多名末期病人。選擇「安寧緩和醫療」註記之後，家人可給予這些病患心理的陪伴，讓他們身心更得到安適。

如果你「放棄CPR」、選擇「安寧緩和醫療」，只是用嘴巴說說，那完全不算數，需要急救時，又沒有醫療指定代理人，到時候家屬圍在床邊，七個人八個意見，保證會把你弄得死去活來。最好是生前就把資料填好，現在醫院的社工人員都可以幫忙處理，或者打電話給

「安寧照顧基金會」，那裡都有現成表格可以填寫，然後註記。

第五、找好照顧的人、照顧的地方。生命的最末段，只有一件事要做，就是「得到最好的照顧」。很多人都會購買「生前契約」，看好墓地或靈骨塔，但是幾乎沒有人會先選自己要住的「安養院」。我照顧家中長輩的時候，去看了台北地區大大小小的「安養中心」，其中最好的就是跟醫院結合在一起。

一個人在送進墓地之前，很有可能要在安養中心住上一段日子，這個安養中心服務如何？收費合不合理？有沒有復健設備？有沒有團康活動？子女來探望方不方便？都是要考慮的問題。

老人閒閒在家中坐著，為什麼不去先做做調查以備將來之用呢？我想可能是忌諱吧。當然有一部分人希望老了之後，還是住在自己家裡養老，這對家人來說是一項負擔，「安養中心」有專人照顧，壓力比較小，如果在家裡，我的觀察是一個老人會拖住三個家人，因為即使三班照顧，每人負責八小時，也是人仰馬翻了。

我讀了經濟部技術處所做的研究，以他們對五個老人比率最高的國家：日本、德國、希臘、義大利與瑞典研究的結果，機構養老（也就是安養院）確實漸漸轉移成居家養老的形式，日本原來是沒有外勞的，二〇〇八年開始也不得不首度對外開放進口看護，而日本厚生省勞動更為了因應居家養老的趨勢，大力推動不會累的「機器人看護」，並期待二〇一五年即可上路。（關於結合復健功能的日本機器人看護，可打關鍵字 robot suit HAL 參閱。）

經濟方面：

第一個要考慮的是：錢準備夠了嗎？因為壽命越來越長，銀髮族對金錢的焦慮也會遞增。就像大家常說的，「擔心人死了，錢還沒用完；更擔心錢用完了，人還沒死。」美國人有句俗話說：「最後一張支票最好是開給教會。」用我們的說法就是「人生最後一筆錢最好是付給葬儀社」。

而人生最後段，究竟要準備多少錢才「剛好」可以用完？根據我的經驗，老年以後，住的地方每個月大約需要二至三萬，尿布和營養品約二萬，如果要看護，就是再加二萬多，如果預留一點額外開銷，每個月將近八萬。一年就要一百萬左右。多活十年可能要一千萬。

以「失智」來說，我請教過台大社工系的王雲東老師，他告訴我說，根據他手上的資料，二〇〇四年時全國接受機構式照顧的六十五歲以上失智長者約有二萬三千多人，而居住在社區的失智長者約有九萬三千多人，總計是十一萬多；但據經建會推估，至二〇二六年時，全國居住在社區的失智長者將超過廿二萬人，等於增加一倍。

光是「失智」這一部分，如果每年耗費的金錢是八萬（每月）×十一萬六千人×十二個月＝一一一三億六千萬台幣，到二〇二六年就倍增成二二二〇〇億。老人對社會經濟造成的負擔，實在可怕。

銀髮族如果沒有這麼多準備金可以養活自己，那是相當糟糕的事，政府現正打算仿效國外，讓老人拿房子抵押，換取生活費。金管會去年五月表示，「以房養老」政策將會試辦，目前傾向採「年金制」，即讓老人每個月領取固定年金，由政府提撥到其帳戶內；擁有價值一千萬房子的老人，每個月年金可領二萬元以上。

金管會官員表示，以房養老政策，係由內政部社會司規劃，未來將提撥一筆基金由銀行代辦，六十五歲以上、適用對象須無繼承人（無子女）、擁有房地產的近貧老人，將房屋抵押給政府後，政府依房屋貸款金額，折算成二十年或三十年年金，每月將年金提撥到老人帳戶。

內政部初步條件規劃與金管會看法相同，目前規劃於民國一〇一年，在都會區先受理一百人申請試辦。至於年金給付方式，依老人餘命估算有所不同，據瞭解，學界曾建議的六十五至七十歲，以房價五成估算，七十至七十五歲以房價五成五估算，八十歲以上以六成估算，以此類推的方案，較獲內政部青睞。學者指出，若以台北市一戶一千萬的房子估算，一位七十歲老人，每月應可領取二萬元以上年金。

第二個要做的是「財產信託」。上面所舉的例子是經濟窘困的老人，如果口袋麥克麥克的則另當別論。有錢的老人要想到自己老了以後，如何保住這些金錢，正所謂：「以前是養兒防老，現在是養老防兒」。老了之後，如果行動不能自主，甚至失智，存款的摺子跟印章要交在誰的手上才不會被A掉呢？必須做的就是財產信託。

財產信託，政府也在大力推動，但是委託人要找專業可靠的管理顧問公司、會計師或者專業人士，這還需要自己做點功課。

有句話說，「活得越精采，死得越平安」，其實應該說是「生前越仔細安排，老年生活越安定，死得也會越平安」。

第三、遺產的分配。死後不得平安的，唯一原因大概就是遺囑未預立，遺產因此沒有分配好。很多名人都不認為自己會死，因此雖然事業做得很成功，生命最後一道功課卻沒有繳交。一位陳姓富商死後因為家族爭產，竟然多年無法下葬。

遺產要怎樣分配呢？

我國民法上有所謂「特留分」的規定，是指往生者必須將遺產留給繼承人一個最低的繼承比例。依民法第一二二三條，繼承人之特留分，依規定：直系血親為二分之一。父母二分之一，配偶二分之一，兄弟姊妹三分之一，祖父母三分之一。特留分係依「應繼分」的一定比例而定，而應繼分又分為「法定應繼分」與遺囑的「指定應繼分」兩種。

如果張三往生，張三有一配偶李四、二子女張甲與張乙，以及父親張老先生。依照民法第一一三八條規定，李四是配偶，一定為繼承人；子女張甲與張乙為民法第一一三八條第一順位的直系血親卑親屬，亦為繼承人；而張老先生排在第二順位，則沒有繼承權。

張三如沒有指定各繼承人的繼承比例，則依民法第一一四四條第一款規定，由李四與張甲、張乙平均分配該遺產，亦即，此三人對該遺產的應繼分各為三分之一。

但是，假設張三以遺囑指定應繼分，將所有遺產百分之九十指定由妻子李四繼承，此時將可能侵害子女張甲與張乙之特留分，故必須再計算兩人的特留分比例為何。因張甲與張乙應繼分依法各為三分之一，其特留分依民法第一二二三條規定，為其法定應繼分的二分之一，因此，張甲與張乙之特留分各為六分之一。張先生將所有遺產百分之九十指定由妻子李四繼承，顯然侵害到張甲與張乙的特留分。此時，依現行法律規定之遺產繼承應為：李四：三分之二，張甲：六分之一，張乙：六分之一。李四不能擁有百分之九十的繼承財產。因此，特留分制度某種程度上限制了遺囑的自由。

很多人以為遺囑寫了給誰多少就多少，其實是法律知識的不足。預立遺囑時，如果財產多的，就要有律師一同協助，否則立下的遺囑，死後也會再生困擾。

銀髮人生是無可避免的道路，在這個階段，能夠思考越細密，規劃越詳盡，準備越充足，自然就能過得越安逸。雖然需要準備面對的事情很多，但是基本上，把握以上幾點，「與老共舞」，大概是可以應付裕如的。

II

美國的老人與「老年問題」

◆

朱迺欣

老年族群的崛起

二〇一一年十一月，我們夫婦倆參加了「巴拿馬運河」遊輪之旅（Panama Canal Cruise），共十四天。行程由洛杉磯出發，中途停留哥斯大黎加的彭塔雷納斯（Puntarenas），巴拿馬的福特阿馬德（Fuerte Amador）和巴拿馬市（Panama Canal），哥倫比亞的卡塔赫納（Cartagena）和葡萄牙殖民地的阿魯巴（Aruba），共五站，於佛州的羅德代堡（Fort Lauderdale）登岸回程。遊輪是約九萬噸的珊瑚公主號（Coral Princess），遊客容量約四千人。

這種休閒旅遊最適合老年人。在旅遊期間，旅客不愁三餐，也不愁換洗，白天欣賞加勒比海的藍天碧海及沿岸美麗的熱帶風光，晚上有精美的晚餐和舞台表演。只要不過分要求，人生的享受夫復何求？尤其對夫婦旅客的主婦而言，覺得兩星期不做家事，已值回票價。

雖然我們也盡情享受此種無憂無愁的海上旅遊，但有幾項觀察，讓我感到意外和驚奇：

第一項觀察是，**船上的旅客幾乎清一色是老年人**。

這是我們的第一次遊輪旅遊，但是許多旅客已有多次經驗。許多旅客退休後，幾乎每年皆有旅遊，在晚年享受遊山玩水，「看盡天下」之樂。

第二項觀察是，**老年人出手大方**。

除了多次參加旅遊，這些老年人對買東西、吃東西、參加陸上觀光和其他船上活動等，皆不落人後，似乎不在乎花錢。不可思議的是，曾有一位旅客得意地告訴我們，他賣了房子參加旅遊，覺得花錢旅遊比存錢過晚年更值得。

第三項觀察是，**這些老年人無子女相伴**。

這個現象似乎有好處亦有壞處。好處表示，西方老年人比較獨立自主。壞處可能是，與東方社會比較，西方老人比較缺少家庭的溫暖。個人覺得，這些觀念的好與壞是相對的，沒有子女相伴的旅遊也許比較自由自在。

以上的觀察讓我聯想到，遊輪旅遊的興起，是否與老年旅遊的興起有關連？

這個現象是否表示，美國老年人的經濟富裕，有錢遊山玩水，並且年年如此？

由於社會進步和醫學發達，人類的壽命一直在延長，老年人口也一直在增加，因而全球處處有「老化社會」。現在，老人已形成有影響力的社會族群，在消費、旅遊、政治等方面，已有不可忽視的影響力。

老伴、老本、老狗和老友

陳紅旭女士曾寫〈自在銀髮快樂行〉一文，從她在安養院做志工的經驗，比較美國老人與日本老人的差異，不但觀察入微，批評亦中肯，值得介紹。陳女士的觀察歸納如下：

一、美國老人比較開朗開心。不論行動方便或不方便，他們比較容易自得其樂。

從他們的對話內容亦能瞭解到，他們關心自己的生活，勝過批評子女或朋友的一切。他們比較懂得怎樣過日子而不覺得無聊。

二、日本老人得到的服務比美國老人好。然而，美國老人顯然比日本老人快樂，而且樂觀獨立，懂得享受生活。

三、他們之間最大的差異在外觀與穿著。美國老人的衣著比較光鮮，他們也比較重視外表。例如：美國人到六十歲仍在做牙齒矯正或植牙，即使在養老院，他們還會預約做美容或做頭髮。

四、美國老人對子女的期待豁達許多，將養小孩當成義務或責任，到了老年，照顧自己是自己的責任。因此在養老院，對子女的偶爾來訪，反而顯得非常開心。相反地，在日本養老院，老人們認為子女定期探視是應該的。如果子女一週沒來探視，就有被「扣分」的可能。日本老人因為有期待，反而有失落感，把過日子的快樂與否寄託在子女們的來訪，當作子女關心的表現。

個人覺得，除了以上的差異，美國老人還有下列幾個特點：

一、美國老人比較孤單寂寞。

美國的核心家庭在子女長大出外工作後瓦解。此種兩老獨居的家庭情況，稱為「空巢期」，表示成為獨居老人了。在此時期，雖然有些子女在過年過節還會回來，老人們平日必須獨立生活，身體還硬朗時住老家，健康走下坡時就得搬去養老院。所謂「承歡膝下」和「含飴弄孫」的老年，似乎只存在於東方社會。

根據最近調查，美國成年單身獨居人口，已占全美總戶數的廿八%，數量已超過核心家庭，成為美國社會主流。這些單身獨居群，包括老年人，稱為「獨來獨往」（Going Solo）群。單身獨居的人口結構變化是現代社會的趨勢，歐洲和日本已明顯有此趨勢，發展中國家，如中國、巴西和印度，也在快速增加。

單身獨居猶如社會的孤島，但由於網路的興起，改變了人類互動的行為，也許此種獨居方式，不但可以減低孤單寂寞，亦可以保留隱私權（privacy）。

二、美國老人活動比較豐富。

美國老人獨立性比較強，往往有固定的社團活動，例如：玩橋牌、玩賓果（bingo）、跳舞、釣魚、打高爾夫球等，他們也參加社區活動。美國老人到八十歲還有在開車的，雖說有可能是被現實所迫，但也表示他們能勇敢地面對現實。相反地，中國老人依賴心比較重，例如：走路要子女扶持，並表現出幸福的樣子。中國老人參加活動時，也需要子女提供交通，甚至要陪伴。因此，中國老人參加社會活動的頻率不高。

三、美國不再是「老年人的墳墓」。

記得以前常有人說：「美國是年輕人的天堂，老年人的墳墓。」現在，美國的老年福利相當好。老人的社會福利包括：聯邦醫療保險（Medicare）、社安退休金（Social Security Check）、社安福利補助金（Social Security Income, SSI）等，等於讓政府「養」，是大同世界的「老有所終」的實現。

反觀現代年輕人，由於美國的環境漸漸謀生不易，不但工作難找，有工作者又面臨「萬萬稅」，如果僅從繳稅的角度看，美國也許可以戲稱為「富人與窮人的天堂，中產階級的地獄」。現代的美國，已非昔日「年輕人的天堂」。

四、美國老年人的「老夫少妻」現象。

美國的「老夫少妻」現象好像沒有想像的普遍。可能由於美國的離婚率高，例如加州約五十%，結婚的人幾乎一半可能離婚；另外，離婚的女性再婚時，往往找年齡比較大，工作比較穩定的對象。如果年齡相差過於懸殊，這種婚姻可能會有隱憂，即丈夫往往先走，讓妻子度過寂寞的晚年。

五、老狗的地位不墜。

美國開國功臣富蘭克林（Benjamin Franklin, 1706-1790）說，美好的晚年需具備四個條件，即老伴、老本、老狗、和老友。時至今日，他的話仍有價值，但可能需要修政一些。例如：老狗逐漸取代老友；另外，在現代社會追求美好晚年，也需要健康和好的社會福利。

美國老年人養狗的很多，台灣是「人滿為患」，美國是「狗滿為患」。美國老人養狗的最大理由可能是：生活寂寞養狗作伴。

令人不可思議的是，美國人愛狗似乎甚於愛人，讓人有時覺得「人不如狗」。另外，狗的醫療費用昂貴，往往比人的更貴；狗的美容也貴，但是狗主人對這些開銷會慷慨付錢。另一個養狗產生的奇特現象是，由於狗需每天出去蹓躂，社區很多優美的步道花香，往往被狗的排泄物臭氣沖散，可說是散步時的最大遺憾。

六、銀髮族的同居倍增。

過去十年，美國五十歲以上的同居者增加超過一倍，從二〇〇〇年的一二〇萬人，增加到二〇一〇年的二七五萬人，占全國同居者人口近三分之一。

根據專家的意見，年輕人同居大多是在試婚，銀髮族同居未必有意共結連理，而是出於財務考慮，可能有意保護自己的資產，或不願意再婚影響退休金、社安給付和其他福利，也有可能不願意為對方的醫療費用擔負財務責任。

不過，有些銀髮族同居不是為了經濟因素，而是為了找個伴，卻不想要婚姻帶來的枷鎖。一位婦女說：「她們已照顧過一個丈夫和家庭，不想重作馮婦，並覺得結婚會帶來這種可能。」

調查發現，銀髮族同居者，有七十一％曾離婚，廿一％喪偶。

「超老」人口增加中

美國每十年做一次人口普查，人口變動的資料相當可靠。

美國六十五歲以上的人口比例，一九〇〇年是四．一％，一九九〇年上升到十二．六％，已快符合「高齡社會」；到二〇〇〇年，六十五歲以上的人口比例是十二．四％，到二〇一〇年是十三％，九十歲以上年齡層比例是〇．一％，表示超老人口在增加。

從二〇〇〇年到二〇一〇年的十年間，六十五歲以上的人口增加十五·一%，高於同期總人口增加率九·七%，其中最大的增加在八十五至九十四歲年齡層。另一個現象是，年紀大的男性越來越多。

美國的資料顯示，美國社會的老化速度沒有台灣快，但是男性長壽人數的增加，是不是反映出女性投入工作的比例增加的緣故？另外，超老人（very old）的增加是否表示，人類的壽命還可以再提高？美國政府比較擔心的是，嬰兒潮人口將要退休，會導致政府相當大的經濟負擔。

國際貨幣基金（International Monetary Fund, IMF）預測，由於全球民眾壽命比預期多活三年，老化成本將會增加五十%，而令各國政府和退休基金措手不及。由於戰後嬰兒潮世代的人開始退休，到二〇五〇年時，先進國家的老人人口將與勞動人口相近。這是全球性的問題，長壽帶來的麻煩比預期還大。

人口統計學家多年來一直假定，已開發國家壽命延長的速度會緩和下來。但隨著醫藥科技的持續進步，壽命延長的速度並未如預期減慢。美國就是這樣的例子。台灣由於急速少子化的影響，經建會悲觀地預測，二〇六〇年後，台灣老人人口將成長三倍，屆時，台灣恐怕會超越日本成為全球「最老」的地區。

由老人照顧老人的高齡社會

美國的老人服務多樣化，有政府公辦的，也有非營利的私人組織；有些服務針對健康的銀髮族，另有些服務的對象是殘障或患病的老年人。

這裡先介紹比較有名、有規模，或比較有實際效益的老人服務：

一、美國退休協會（American Association of Retired Persons, AARP）

這是目前美國最大的銀髮族協會，也是全球最大的老人組識，會員人數約三千九百萬。美國五十歲以上的人口占總人口的四分之一，其中約一半是 AARP 的會員。

AARP 成立於一九五八年，只要是五十歲以上的男女，皆可報名入會，入會年費是十六元美金。AARP 的會員不限於已退休者，約四十%的會員仍有全職或半職工作。

AARP 有很強的政策宣導工作使命，有一個國家政策推薦委員會，總部設在首都華盛頓特區，並在各地設立分會，研究當地議題，但是不推薦特定候選人或政黨，只著重於政策。AARP 的做法，很像消費者的傳聲筒，替銀髮族爭取權益及交涉有利條件，尤其在老人服務和老人福利方面。

AARP 會員的服務和福利，包括：

1．AARP 的雜誌和會訊（Bulletin）。

2．旅遊的折扣優待。

3．代辦 AARP 推薦的醫療保險、汽車保險、房屋保險、壽險等。

4．推薦處方箋及藥局。

5．提供社區的志工服務機會。

6．替會員發聲，議題包括社會安全保護（Social Security Protection）、長期照顧、工作權利等。

二、社區老人中心

個人覺得，社區老人中心（Community Senior Center）對老年人的服務最方便，也最實惠。在美國，每個社區皆有各式各樣的老人中心提供各式各樣的親切服務。

以我們居住的爾灣（Irvine）小市鎮為例，在距離約十分鐘的車程就有一個社區老人中心，叫「湖景老人中心」（Lakeview Senior Center, LSC）。雖是非營利組織，卻屬於社區服務（Community Services）的分支，稱為「老人服務」（Senior Services）。

湖景老人中心提供不少免費服務項目。茲舉幾項服務如下：

1．健康評估檢測（Health Assessment Screening）
2．健康保險協商（Health Insurance Counseling and Advocacy）
3．聽力檢查（Hearing Testing）
4．法律支援（Legal Aid）
5．法律服務（Legal Services）
6．投資顧問（Financial Investment Consultation）
7．預算、債務、信用卡、房子等的諮詢

此外，中心從星期一到星期五皆有上午和下午的活動或課程，例如：電腦操作、麻將、讀書會、社交橋牌、土風舞、社交舞、瑜珈、桌球、太極拳、繪畫、有關健康或疾病的演講等。有時，週末晚上還會舉辦舞會；逢到假日，例如母親節，也會舉辦午餐會。

湖景老人中心還有「日間照顧中心」（Adult Day Health Services），對行動不便或患病的老人提供服務，包括每天的免費午餐、交通接送、復健等。

湖景老人中心的服務對象，包括社區各式各樣的老人，尤其對新移民老人幫助很大。華人的組織，稱為「爾灣華人松柏會」（Irvine Evergreen Chinese Senior Association），乃非宗教性、非政治性的非營利組織，宗旨在提升爾灣華裔老人的生活品質，及促進社交人際網絡的互動。在每月第三個週六舉辦定期聚會及活動。

三、慢性病求助有門

老年人往往被慢性病纏身，到醫院或診所看病，成了日常生活不可或缺的活動。老年人比較常見的慢性病是心臟病、癌症，「三高」的高血壓、高血糖和高血脂，攝護腺腫大、肺氣腫、關節炎、腦病變如失智症、巴金森症、腦中風，此外還有腰瘦背痛、失眠、情緒問題等。

美國有很多病友會的民間組織，可以幫助患者瞭解他們的病，以及與其他患者分享經驗。社區老人中心也會提供疾病資訊和經驗共享的機會。

由於慢性病需長期照顧，醫師們和這些民間組織也瞭解到家有慢性病患對照顧者（caregivers）的影響，包括身體、精神和費用。最近一篇關於照顧失智症的報導提到，美國有五四〇萬失智者，其中六十五歲以上的病人數是五二〇萬人，但是八十％的居家照顧（homecare）落在家屬身上，這些家屬的年齡大部分超過五十五歲。這表示，必須由老年人來照顧老年人，且是一種無俸奉獻。俗語說：「久病無孝子」，現代社會有可能是「久病無親屬照顧人」，當老伴無能力照顧時，只好送去養老院終老。這應是人類長壽的後遺症之一。

四、其他老人服務機構

美國聯邦政府和州政府，皆有設立各種功能的老人服務機構，不勝枚舉。

以加州為例，一些與老人相關的機構，列舉如下僅供參考：

1．老年人管理局

2．加州療養院改良與推廣局

3．加州老年人部門

4．加州醫療保健部門

5．加州管理健康保險部門

6．加州社會服務部門

7．老年人看護尋找服務

8．老年人法律熱線

9．舉報、欺詐、索取，及信用報告

由以上例子可見，有些機構的功能可能重疊；不少人對一些機構的功能不太清楚。只有當事人有事要查詢時，才能弄清楚一些機構的功能。

美國老人真幸福

美國老年人的福利項目林林總總，但最重要的是社會安全退休金（Social Security）、社安福利補助金（Social Security Income, SSI），和醫療保險（Medicare）三項，以下將簡單介紹，至於其他項目因篇幅有限從略。

一、社會安全退休金

一九二九年美國經濟大衰退時，七十%六十五歲以上的美國人找不到工作、沒有收入，必須依靠慈善團體救濟過活。有感於此，羅斯福總統在一九三五年簽署國會七二六〇號法案，成立社會安全議案。此議案宗旨在提供退休人士一些基本收入、醫療、失業金，及兒童救助金等福利。

對許多退休人士或老年人而言，社安退休金是他們主要的，甚至是唯一的收入。不少人退休後能有個美好的晚年，主要依靠社安退休金的收入。整套制度的基本概念是，年輕時從薪資所得提撥固定比例的金額，投入社安退休金系統給老人家使用，老了就輪到自己使用社安退休金系統裡的錢。

申請社安退休金有點複雜，主要條件是必須工作十年，以及收入必須達到當年稅前薪資總額，例如：二〇一一年金額為四四八〇美元。

二、社會福利補助金（SSI）

社會福利補助金是一種現金輔助，發放對象是失明或傷殘人士，兒童或嬰孩，以及六十五歲以上的老人。

老年人申請的主要條件如下：

1．六十五歲以上美籍公民。

2．個人銀行存款不能超過美金二千，夫婦二人存款不超過美金三千元。

3．自住房子，或租房住。

4．不能擁有人壽保險超過美金一千五百元面值。

5．不能擁有美金一千五百元殯儀費。

6．可擁有自用汽車。

7．申請前三十六月內不能移轉或贈送財產予他人。

社會福利補助金可說是窮人補助金。比較有趣又令人擔心的現象是，可能由於文化和觀念的不同，有不少經濟條件不錯的美國新移民，把財產和銀行存款轉移給子女，自己在美國當窮人申請補助領救濟金，免費住退休國民住宅等。

老人醫療與長期看護

一、醫療保險

美國的醫療昂貴，醫療保險也複雜。老年人可以獲得聯邦醫療保險（Medicare，俗稱紅藍卡）。經濟狀況不好的人可以申請醫療補助計畫保險（Medicaid，加州稱為Medi-Cal，俗稱白卡）。

目前約有三十％的美國人被歸納為持有白卡或無健保者；約十％人口擁有個人或小型團體商業保險；約四十五％人口擁有中到大型團體商業保險；其餘約十五％人口為紅藍卡持有者。

持紅藍卡者又分為三種：1．傳統紅藍卡，等於服務付費（Fee for Services），2．同時擁有紅藍卡和白卡，以及3．紅藍卡優惠計畫，即還有其他HMO（Health Maintenance Organization）或PPO（Preferred Provider Organization）保險。

根據美國總統歐巴馬健改方案，未來十年裡紅藍卡經費將被削減一一八〇億美元，用來補貼其他健保改革。因此，老年人的醫療福利勢必被剝奪，或得增加私人醫療支出。必須注意的是，目前的聯邦醫療保險並非全部免費。

聯邦醫療保險分A、B、C、D四部分：A部分是住院保險，可能全免；B部分是支付門診醫師服務，可能需付二十%的醫師診療費；C部分屬優惠計畫；D部分是處方藥的保險，如果病患要求用原廠藥時，則需自費多付，如果病患同意用學名藥，自付額可以減少很多。為了提供B部分醫療，每月應繳的基本費用是美金一百一十五元。

縱使有聯邦醫療保險，天下還是沒有白吃的午餐。要獲得非陽春麵的醫療福利，你必須自掏腰包多付一些。

二、銀髮族的長期看護

現代人壽命延長，年老需照顧的人也急速增如。

據統計，美國六十五歲以上人口，約有五十%需到療養院由專人長期看護；加上在家請人看護的老年人口，需長期看護的老年人口達老人總人口的七十二%，幾乎每四個老人就有三個需要長期看護。

美國「家庭看護者聯盟」對家有老人的加州家庭進行一項調查，發現五十四％的民眾因長期照顧慢性病患，照顧者因此產生憂鬱症狀。這表示，老年人和照顧者皆產生問題。

美國政府預計，到了二〇二〇年，將有一千二百萬的高齡人口需要長期看護，其中七十％的家庭將由親戚朋友負責照顧的工作，如果沒有政府的輔助，經濟重擔將落在家人身上。目前最好的辦法是，趁著有能力時，為自己和家人投保長期看護（long-term care）險。

長期看護服務分為「失能」和「認知損害」兩大部分。「失能」包括無法自行起床、走動、進食、沐浴、穿脫衣服和如廁的六項狀態；「認知損害」就是在意識清楚的情況下，無法正確地辨認時間、場所或人物。

長期看護險的費用給付，與一般的醫療保險不同，採取定期定額方式提供。接受長期看護期間，大多數的病人面臨行動或語言上的不便。在進入這個階段之前，「預先治療指示書」是保障自己最好的方法，這是病人在健康狀況良好時所簽署的授權委託書，告訴醫務人員，當自己在醫療方面無法做出決定時應如何處理。例如：誰是治療代理人、終止維生系統、器官捐贈。

近日，歐巴馬政府宣布放棄「社區生活協助服務及支援計畫」，對即將退休或已退休的民眾而言，頓時失去一大保障，因為將來一旦健康情況惡化，未必能享用政府長期照顧的服務。

由於歐巴馬總統推動的全民健保計畫，將在二〇一四年全面實施，我們希望 AARP 能積極參與，替銀髮族發聲，讓政府和民選官員在推動全民健保過程中，不要犧牲老人長期照顧的利益。

不要小看「老人問題」

讀到各國老化影響的報導，讓人心驚膽跳，例如：台灣正在以三級跳似的速度急速老化，到了二〇三三年，台灣可能超越日本成為全球「最老」的地區，到了二〇三六年，台灣的老年人口比率將到達廿一％，邁入「超高齡社會」（Super Aged Society）；到了二〇六〇年，日本人口預計下滑三十％，但是六十五歲以上的人口將達到總人口的四成，社會財政負擔可能崩潰；根據國際貨幣基金（IMF）的推測，由於戰後嬰兒潮世代逐漸老化，已開始造成許多政府預算吃緊，到二〇五〇年時，尤其是先進經濟體國家，老年人口將與勞動人口相當，因而導致財政困難。如果全球人民的平均壽命比預期多活三年，老化的成本將增加五十％，此種情況可能令各國政府和退休基金機構應付不及。

如此看來，「老年問題」已經變成「全球問題」。在這種情況下，老年人口勢必與其他人口競爭社會資源，是不是會導致某種形式的「年齡戰爭」？尤其在「超高齡社會」，由於老年人的社會負擔特別沉重，影響所及，其對社會的作用，會不會成為壓倒駱駝的最後一根稻草？會不會像駱紳所說的，「老人問題」像風暴，或像海嘯一樣可怕？

自古以來，人類一直希望解除疾病的痛苦，甚至長壽不死。如今，託醫療科技進步之福，雖然人類還無法避免「不死」，「長壽」的美夢卻已實現，人類的壽命不斷增加，「長壽國」也越來越多。漸漸地，人類對「長壽」的歡呼變成「擔憂」，天下沒有白吃的午餐，「長壽」也必須付出代價，處理「老年問題」也變成政府未來政策的燙手山芋。

以美國為例，由於政府提供優厚的老人福利，包括社安退休金讓老人有固定收入，聯邦醫療保險讓老年有病時幾乎可以高枕無憂，貧窮的老年人也可以享受社會福利輔助金（SSI）。無奈好景可能不長，現在美國政府債台高築，不久的將來，政府恐怕將無法發放社安金和提供醫療保險，更甚者，老年人口雖然增加，勞動生產人口卻未隨之增加，而無法補救老年人口的額外消費。有人預測，到二〇三五年，美國政府將破產，無法發放社安退休金。這個可怕災難的來臨，距離現在只有短短二十到三十年。因此，「老年問題」已是「社會問題」和「國家問題」，廿一世紀的可怕戰爭，可能不一定是「宗教戰爭」，而是全球性的「年齡戰爭」。

債台高築的福利天堂!?

個人覺得，處理「老年問題」可以分為個人和社會兩部分。個人的背景比較適合討論個人部分。另外，各國有不同的「老年問題」，處理之道也應該依照國情而有所不同。

一般人的意見是，美國的老人福利實在很好，美國不再是「老年人的墳墓」，反而可能是「老年人的天堂」。美國老人因為有社安退休金的固定收入和聯邦醫療保險，不但生活，生病有保障，往往還有餘本享受遊山玩水之樂。

但是令人擔心的是，美國已債台高築，國勢也大不如前，看似已無法繼續支持老人福利的理想。也許，美國應對社安退休金和聯邦醫療保險的申請條件設定得嚴格些。

根據最近蓋洛普民意調查，全球十三%成人想移民，其中廿三%想移民美國，並有高達二千二百萬中國人想移民美國。想移民美國最普遍的理由是，「美國是機會之地」。許多在美國落地生根的華裔人士認為，美國社會自由開放，有重視人才的高等教育政策，以及良好的社會福利政策。一位退休的華裔老人說：「我的開支完全由政府包辦，美國是世界上最慷慨的國家。」美國這種享受好福利的日子，還能維持多久？

長期照顧的變通

美國老人的長期照顧，因為人工費用昂貴，花費浩大。老人的長期照顧一般包括養老院、家庭護理（即台灣的居家護理）、輔助生活設施、成人日間健康中心、交通和復健。

日本已開始利用機器人幫忙老年人做一些家事。因此，利用機器人替代昂貴人力做些家務或照顧工作，未嘗不是一個可行的變通方法。

其實，先進國家早已發展出用人工器官取代部分人體功能的成果。例如：人工手臂取代失去的手臂，人工耳（電子耳）治療耳聾等。最近，亦有電腦／腦介面的腦波遙控器出現，讓四肢癱瘓的病人能用意志力操控電視開關。更不可思議的是，IBM 發展的人工智慧電腦「華生」（Watson）擊敗了世界棋王。

所以，發展機器人擔任長期照顧工作，可能已非夢想。

長期照顧的浩大費用，亦可以由家人照顧而減輕負擔。在疾病初期還不需要高級護理（Skilled Nursing）時，這種照顧方式是最理想的。另一種折衷辦法是，僱請短期看護，即所謂短期的生活輔助（Living Assistance）。

美國的老人不是獨居就是住在空巢期家庭，子女回來照顧不方便；另外，父母與子女同住在一個屋簷下也不是好辦法，往往會產生磨擦。比較可行的辦法是，父母居住在離子女近的地方，好讓子女就近照顧。我有幾個朋友採取這種辦法，都與子女相安無事，皆大歡喜。

曾野綾子在她的書《晚年的美學》（姚巧梅譯，天下雜誌，二〇〇七年）也贊成這個辦法，並提到：「外子的雙親，住的是昭和初期的老房子，而我母親則住在一間六塊榻榻米大，有獨立衛浴設備，離我很近的屋舍，我們夫婦則住在主屋。如此三棟房舍並排在一起，屋簷貼得很近。」這種住得很近又各自獨立生活的安排，方便就近照顧，但需事先協調住處及其他事項。

以「銀髮智慧」為榮

老年的心態很重要。老年人切忌自暴自棄，以為自己年老沒有用。在現代的社會，尤其西方社會，老年人往往不被尊重。這種偏見的產生，是不是與老年人的心態有關係？

曾野綾子也說：「說實話，上了年紀的人們，在現代社會幾乎不被尊重。其實，那是因為許多老年人，並沒有在社會上展現應具備的賢明。為何如此呢？為何不在晚年充分地發揮閱歷人生的聰慧？我想好好地重新思考這個問題。」

由於退休年齡一般介於六十到六十五歲，以及現代老年人退休後可能再活二十到三十年，健康的退休老年人，可能還有很長一段時間可以發揮累積下來的人生智慧。高齡九十歲的日本醫學泰斗日野原重明，甚至倡導「新老人運動」，以便發揮老人智慧，以及維護老人權利。

日野原重明在他的書《生命的禮物》（高淑玲譯，美兆文化，二〇〇五年）說道：「所謂老，不是衰弱，而是成熟。到了七十五歲，就歡歡喜喜的成為『新老人』。二〇〇〇年秋天，我倡導了『新老人運動』。——這是想要把只有老人才能做的事，因為是老年人才能做的事，當作老年人的使命，讓老年人親手來實現的運動。只限於用工作或當義工為社會貢獻所能，或者在尋找可以有所發揮的機會，仍然有意投入工作的人。」

這項「新老人運動」的一些主張、勸導或目標，值得介紹給各國，包括美國的老人們。茲列舉一些例子如下：

1．到了七十五歲，就歡歡喜喜成為「新老人」。
2．請扮演「清楚說出好就是好，不好就是不好」惹人嫌的角色。
3．要遵守別將劣質文化傳到外界的道德底線。
4．貧窮和粗茶淡飯對健康並沒有壞處。
5．至少要停止便利和富裕的生活。
6．直到死亡前一刻，都是「人生工作者」。
7．不論到幾歲，都不忘要開創。
8．全心全意過今日。
9．尋找生活型態的好典範，並向典範學習。
10．悲傷的體驗，令人變得溫柔。
11．人不管到了幾歲，都可以改變生活方式。
12．不要畏懼失去，給予會帶來快樂。

如果老年人能體會日野原重明醫師的苦心，並加以配合實行，也許老年人就不會得不到尊重，而是變成社會上有用的份子，甚至變成別人尋求指示的智者。

銀髮智慧代表什麼？二〇一一年，《時代》雜誌重刊它的「你的腦」（Your Brain）特刊，其中有一章的題目是〈銀髮與智慧腦〉（Gray Hair and Wise Brains），談到老化腦的智慧。根據神經科學的研究，老年人最明顯的衰退是記憶、運動機能、學習新東西和性格缺乏彈性；但在某些方面卻有進展，包括：對挫折比較能接受、對事情的分析比較合情合理、對模糊不清可以容忍、人際關係的處理能力比較好，以及具體的智慧達到頂峰。以上的資料顯示，老人可能比較健忘，但腦力可能比較敏感、敏捷和精明。這似乎表示，銀髮智慧正是人生智慧，主要是EQ，不是IQ。

在原始社會，村中大老是村的策略和村裡人事紛爭的最高顧問。在現代社會，老人的地位已一落千丈。老年人應該想辦法再利用自己的人生智慧，去爭取失去的榮譽。老人要出人頭地，不是靠體力，而是要靠腦力。人生的智慧就是「腦力的寶藏」。

III

日本創齡學習之旅

◆

劉豊志

「創齡學」一詞來自日本，以正面角度思索人生課題，在乎自己態度及感受，為自己所創造的人生留下註解。

活力創齡——這是一個充滿理想的態度，每位創齡勇者，都要築夢、追求冒險、不斷建設，絕不為了幾多的施捨，而放棄美妙的人生刺激，與其度過受到保障的生活，不如選擇充滿挑戰的人生。

創齡勇者要的不是桃花源，而是充滿刺激的世界，也絕不為了恩惠而捨棄自由、不為了慈善而拋開尊嚴。在任何一位權力者的面前也不畏懼，態度正確、秉持自信、不畏懼任何事物、以自己的意志做決策與採取行動，去圓一個有活力、能自立的生活，這就是創齡的使命，人生的價值。

亞洲最富有、最長壽，對老人最友善的國家

二〇一二年春天，踏著輕鬆的步伐，有機會去日本探望一個來自

台灣淡水的友人，要說像諾貝爾文學獎得主赫塞（Hermann Hesse）所寫的美麗的青春一般，有一點過頭，但那樣的心情卻是無庸置疑，這位才華洋溢、美麗不已的藍溪小姐，留著烏黑的長髮，兩顆大眼睛，看不出已是一個小孩的媽媽，自從嫁到日本，由於洞悉多國語言與文化，找到一個與長期照護相關的工作，應該說是找到一個如何應用身體語言去感動長者，如何以關愛的眼神與老人心靈相契的工作。我常問她，為何有這麼多的年輕族群投入到這個照護市場，她疑惑的面容，訴說這來自台灣的一個奇怪的問題，確實，台灣照護市場都仰賴外勞，但日本並沒有外勞，可以信賴的除了家人外，就是這群活力十足，以照護為使命的年輕人。

這趟行程，除了拜訪藍溪以外，還有我的老朋友長照協會安藤秘書長及通用設計促進協會星川總幹事，讓我有恃無恐地去探索這個傳說中亞洲最富有、最長壽，對老人也最友善的國度。

五天的行程全由藍溪安排，我笑說，短短的五天，就靠妳了，她說，要瞭解日本長期照護，再容易不過了，由機場到市區，一街一巷地從遊走的人群中，便能端視一切。這一席話也點醒我，走在機場的盥洗室，清楚可見造口＊病人的無障礙空間，瞭解到為何日本的造口病人得以過得跟正常人一樣，無論到賣場、百貨公司、車站、機場等，均有相關清洗設施，這是立法通過，各相關公用設施都必須具備的裝置，一旦有了清洗槽，因為大腸癌手術而治癒的造口病人，就可以四處旅遊，也可以擁有正常人一般的生活、工作及社交。台灣有一萬五千位造口病人，又稱為「玫瑰之友」，有幸，於去年因緣際會陪同玫瑰之友玩賞花博，園內雖有精雕玉琢的擺設，然而對於老人照顧之設施仍嫌不足，社會有興趣的話題是空心菜，而不是城市幸福指標——老人照顧。

專為老人服務的京王百貨

本次考察的第一天，藍溪安排一間享譽盛名，且專為老人服務的京王（KEIO）百貨公司，位於新宿車站出口處，交通方便，目前京王集團百貨零售事業總體營業額有二千五百億日圓，其中新宿地區之京王百貨就占一千三百億日圓之營業額，安藤秘書長娓娓敘述在目前日本經濟受國際不景氣影響甚大之時，京王百貨可說相當成功，其成功原因可歸納如下：

一、會員制度：

京王百貨以長期經營理念貫穿曾經在此消費之族群，並以親切服

＊大腸癌病人因手術切除罹癌部位，須在肚子創造一個排泄口，稱為造口，因其樣態類似玫瑰，又稱玫瑰之友。

務奠定顧客長期信賴之互動，目前加入京王百貨的會員高達一百萬人，其中有七十%為五十歲以上的消費族群，並隨時針對顧客需求，修正其專櫃販賣部門及商品，促使其客源不會因景氣不佳而減少。

二、信賴之核心價值：

京王百貨不斷加強其在各部門之顧客需求調查，隨時掌握顧客觀感，並由其所調查的結果，增強其服務設施及因應之道，例如：一九八年起，最早開始重視高齡者的購物需求，京王百貨著手改善其賣場間的無障礙設施，及賣場內寬敞之空間設計，包括造口病人的清洗設施、電梯內鏡便於輪椅出入、樓梯安全扶手及安全網、聽障及視障者的影音辨識系統、介助士*服務、生活支援輔導員等等，均為滿足高齡者購物需求，尤其傾聽式的親切服務模式，以及場內協助高齡者辦理搭乘免費公車等事項，就可察覺其朝向讓顧客信賴，進而成為長期相依之生活圈，由衣食住行等需求延伸至家庭及社會等連結。

三、因應環境隨時調整：

星川先生由於擅長通用設計，所以補充說明京王百貨公司賣場在陳列商品時的設計概念，透過各層樓的規劃，不難發現其深植高齡者服務之用心，包括老人用的助聽器、輔具、衣物、鞋子、電動床、有機食品、按摩服務、氣血循環、注重倫理擺置、手扶梯速度及無障礙設施等，經由顧客實際體驗、調查、修正規格，洞悉顧客採購的情境，轉型成為高齡者生活體驗之百貨服務公司。

經由三位專家說明，我更深切瞭解，日本發展長期照顧乃兼顧食衣住行，因應各種老人需求可說面面俱到，不再只限於醫療照顧，而是身心靈的全人照顧，由京王百貨創新經營模式，成功定義體驗心服

*介助士是日本專為高齡者及殘障人士提供安心服務的專業人士，必須具備安全護理照顧技能的資格認定。

務，也就是：體驗不再只是用具或場地的適用與領悟，而是由關切、專業及傾聽所形塑之信賴型及忠誠型的體驗經濟，更明白地說就是，用心的體驗。舉例說明，王老先生因信賴京王，購買助行器，由於長期與京王互動，使他相信其服務員所建議的規格及商品，就足以替代適用及實質體驗，這種由長期服務所建立之信賴價值（即使不適用亦可更換），可提高顧客購買意願，逐漸產生被服務族群的生活滲透，以達到體驗經濟之目標。

東京的高齡者銀座

行程第二天，可說是考察的重點，長照協會安藤秘書長及通用設計促進協會星川總幹事，一大早便在巢鴨地藏通商店街口等待我們的到來。巢鴨商圈是十年前專門規劃設計為老人而建構的休閒購物商店街，目前每天約有七萬人次到此一遊，被譽為東京高齡者銀座，即表示巢鴨已成為老人喜愛及生活不可切割的場所，安藤先生很有辦法，馬上找到商店街振興組合理事長木崎茂雄先生，向我們說明巢鴨之歷史。當初，巢鴨只是個商圈，逐步加入老人信仰、老人文化、無障礙設施、友善服務等等元素，漸漸成為日本最富盛名的高齡者生活商圈，目前，有許多偏遠地區的熟年族，每年至少會有一次到巢鴨，大肆採購一番。整個商店街的設計主軸，在於日人非常崇信之高岩寺，建立心靈與信仰的源頭，成就高齡者所需之身心靈全人照顧，這是一個高齡者生活不可或缺的部分。其次，利用銀髮族進行銷售，提倡**只有銀髮族瞭解銀髮族之需求，來到巢鴨，你會感受到銀髮族的自信，一個創齡的世代裡，他們站在最重要的位置，不是社會的負擔，而是以改變社會最重要的族群自居**，所以到巢鴨商店街，處處可見高齡店員有耐心地傾聽顧客的想法，娓娓細說，相互寒暄，就像相熟多年的好友，以結緣的方式進行行銷與生活之契合，逐步編織屬於那一年代所要的生活型態，自然能讓您難以割捨，一片農田，高樓聳立，如同山崗上那輪照耀過他們的燦爛明月，一樣令人留戀。

故事不斷的寫，契合的想法因應而生，要服務銀髮族群，就要懂得他們節儉持家的秉性，看到巢鴨滿街創齡者們臉龐上溫柔的微笑，也透露出他們不再是被遺棄的一群，令他們走出來的是屬於他們可看得見的大字廣告、他們可以暢快享用的食物、他們細細品味潤濕眼眸的懷舊商品，一首一首地聽，一句一句地唱，一群一群地聊，誰說他們要靠子孫的奉承，辛苦了半百，暫時遺忘艱辛走來疲憊的身軀，**這個世界是屬於我們——一個創齡世代的，如果今天的巢鴨商店街，一個一個地拓展出去，誰說高齡族群會有社會問題，真正的問題將是躲在樹蔭下那群宅男腐女們吧。**

走完一間間的懷舊唱片行與卡拉ＯＫ店，已日近中午，安藤先生建議去老人專用的麥當勞吃午餐，第一次感受到不一樣的麥當勞，不僅字變大了，所點的餐飲也有所不同，特別適合高齡族群享用，所謂的通用設計概念已導入食事中，在這裡確實有一種想法，老人，你的名字是主流。

「只要心會動，那麼身體也就會跟著有活力」，我不僅贊同這句話，同時也認為「只要身體能活動，那麼心就會跟著有活力」。事實上，有許多資料也證明了這一點。午餐過後，信步走到一間專賣老人運動器材的商店，一位七十五歲的店員告訴我們：本店的器材可讓銀髮族動起來，並不是要他們去參加奧運比賽，也不是期望他們能成為棒球選手，而是希望透過這種團體的肌肉訓練課程，讓他們能夠擁有健康的心靈，找到生存的價值，同時延長他們的「健康壽命」。在店裡所販售的老人運動器材旁，陳列多種輪椅，可分成使用手搖動的自行操作式，與從後面推動車輪移動的看護用二種。除此之外，還有特殊設計的靠背可調整式，與座位可以調整角度的斜面式輪椅，另外還有兒童專用或是運動專用，能依據身體狀態與生活方式，達到各種不同功能。輪椅在輔具器材中是屬於使用頻率較高者，目前已經非常普及且可輕鬆選購。負責的店員是一位留著鬍子的田中先生，他跟木崎茂雄先生熟識，以一副自信滿滿且語帶親切的口吻，向我們解說「適合身體的輪椅」是復健必備的條件，每位輪椅使用者的身體障礙情況各不相同，同時體型及症狀也會隨著年齡的增長產生變化。輪椅必須選擇使用者最方便乘坐，最適合體型的款式。輪椅是否適合身體的狀況是非常重要的，不適合的輪椅不但會使活動範圍受限，長期使用時，也會造成身體的變形，並引發內臟疾病及褥瘡。目前推出的這種模組式輪椅，適用於各種不同的坐姿，可以保持身體姿勢的穩定。

就像是穿上了不合腳的鞋子，不但會磨腳，更嚴重的還會起泡，甚至造成腳部的變形。使用不合體型的輪椅也會造成相同的結果。座位面太大的輪椅，容易造成身體傾斜。但是，座位面太小，又坐得不舒服。此外，因為身體經常向前傾，會出現駝背的不良姿勢，姿勢不舒適，就連一餐飯都不能好好地享受，還會造成內臟疾病與褥瘡等二次傷害。

田中指出，目前輪椅已經是看護保險中可提供租賃的項目之一，是屬於價格便宜、且容易取得的一種看護工具。一般人在選購的時候會顧慮到價格因素，選擇較便宜的，但是這樣往往會選到不適合使用者的輪椅。向社福單位租借時，也因為考慮到價格，選擇座位面的寬度、深度、靠背的高度等完全不適用的產品。

此外，較輕型的折疊式輪椅，因為可以輕鬆地收折，不但可以置放在車子的行李箱中，在家中也可以節省收置的空間。較輕型的輪椅雖然車輪較小，容易折疊收納，對看護的人來說較為方便，但是對於坐在輪椅上的人來說，卻不一定是最好的。如果只是靠看護從後面推輪椅，就算使用者原來還可以正常地使用上半身或腳部的功能，在長久不使用的情況下，也會造成功能或是肌肉的萎縮。如果可以讓使用者靠自己的力量移動輪椅，即使效果並不明顯，也能夠幫助使用者改變自己的生活。可以靠自己的力量，達到復健功效，這一點成就感比什麼都重要，不但可以提高使用者本身的生活水準，也能夠減輕看護的負擔。

因此，選擇一個適合身體的輪椅是不可或缺的。那麼，到底應該選擇什麼樣的產品呢？其實，坐墊也是非常重要的因素，我們就一起說明。

目前市售的標準型輪椅，大部分都是以座位面寬度、深度、高度與靠背的高度做為選擇的依據，幾乎沒有調節功能。如果只重視輪椅的重量，可以選擇框架最輕薄的產品。但是，這樣的產品卻有容易損壞，且操作更加費力的缺點。在高齡者眾多的日本，這樣的問題更是層出不窮。輪椅的「特性」可說已經數十年不變，能夠調節的幾乎只有腳踏板的高度而已。只調節腳踏板的高度，但卻不能符合體型，使用者只好採取不良的坐姿，因此產生更多的問題。

標準型的輪椅，座位寬度、深度、靠背的高度等，大部分都是四十公分。標準型輪椅的尺寸是如何決定的，這是根據日本某研究機構從一九九二年起花費了二年的時間，針對成年男女三萬四千人的體型、腳長等進行調查得到的結論。但是，該項調查至今已經過了十年，標準型已經不再適用於大部分的人。身體障礙的內容因人而異，身體狀況也隨著年齡的增長產生變化，許多人都認為標準型已經不再適用於大部分的人了。「不是身體配合輪椅，而是輪椅配合身體」，這已經是選擇輪椅時不可或缺的要件了。

田中先生儘管已經上了年紀，但說起輪椅的功能，不輸給一般專家學者，讓我們更體會出人不可貌相，在巢鴨的街道，這樣的「高人」比比皆是，這一塊知識的寶藏，高深莫測，不僅讓前來朝聖的創齡世代讚不絕口，更使得一波又一波的熟年世代躍躍欲試，形成創齡與熟齡世代交替，編織一幅銀髮族的知識典藏，足以成為國寶級的文化典範。

捨棄「保障」，選擇「機會」

走著走著，悄悄地來到一個饒富文化與創意的區塊，老人穿的紅色幸運衣，卡拉ＯＫ伴唱室，老人聯誼會等等，當然也有不少的懷舊商品，如日本歌唱家近藤真彥的《風中承諾》、三橋美智也的《哀愁列車》，及家喻戶曉川田正子的《又見炊煙》，一句一句，道出對父親的思念與哀愁，在炊煙升起時倍加感傷。

寂靜的，寂靜的，故鄉的秋日
後門外果實掉落的夜晚

啊啊！僅僅和母親兩人
於圍爐邊煮著栗子
明亮的，明亮的，星光的夜空
夜鴨嗚叫嗚叫著，飛過的夜晚
啊啊！父親那笑容
吃著栗子的時候就會回想起
再會，再會，椰子島嶼
於歸途上，船兒搖搖擺擺
啊啊！父親呀！好久不見
今夜也和母親一起祈禱

星川先生也有感而哼，唱著「啊啊！父親啊！好久不見，今夜也和母親一起祈禱」。聽完後，我們以熱烈的掌聲回應，卻淹沒了那種暗藏內心、可以療傷、可以告解的情懷。

一樣的月光，一樣的街道，創齡世代生生不息，來到巢鴨尋找失落的記憶，重溫阿信那個年代，努力過活的勇氣，有歡笑，有落寞，有無可取代的美麗歲月，夕陽慢慢地落下，有著無限想像的美景，巢鴨上的創齡勇者，不想當平凡人，在人生道路上，寧可捨棄「保障」而選擇「機會」。無法滿足於由國家所培育的人生，無論成功或失敗，創齡勇者都要築夢，追求冒險不斷建設，絕不為了一些施捨而放棄美妙的人生刺激，與其度過受到保障的生活，不如選擇充滿挑戰的人生。

創齡勇者要的不是桃花源，而是充滿刺激的世界，絕不為了恩惠而捨棄自由，也不為了慈善而拋開尊嚴。在任何一位權力者的面前亦無所畏懼，更不受到任何恐怖所威脅，態度正確、秉持自信、無懼於任何事物，以自己的意志做決策與採取行動。

巢鴨的創齡勇者想向世人宣告，靠自己去圓一個有活力、能自立的生活美夢，這就是創齡的使命，人生的價值。

如果一個人不愁吃穿，會是怎樣的人生？

如果一個人沒碰過困境，會是怎樣的人生？

如果一個推展長期照顧的人，不曾感受到創齡者的感受，會是怎樣的結果？

如果每個輔導單位都汲汲營營在批鬥，豈會有好的長期照顧願景？

正如前面所說：只要心會動，那麼身體就會跟著有活力，這一個裝載成千上萬的創齡族，一個幸福指數百分百的街區，讓我想到紐約大學復健研究所入口處牆上所題的詩句，一樣引人深思：

為了能成就更偉大的任務而求得健康，

但為了能成就更美好的事物，所以再度遭受病痛。
為了幸福而追求財富，
但為了能變得更加賢明，所以經歷貧苦。
為了獲得世人的推崇而追求權力，
但為了能獲得神的聆聽，所以身懷弱點。
雖然願望總是被滿足得不完美，
其實所有的心願都已被傾聽。
雖然不盡然是上天的旨意，
卻也完整實現無法用言語表達的心願。
我是眾人之中最被祝福的那個人。

第三天，藍溪特別安排拜訪擁有十個長照機構及輔具販售的 Abilities 公司，我們一行人十點整就到達總部，由社長伊東先生親自迎接。

Abilities 公司的企業總部共計兩個樓層，分別位於五樓以及四樓，主要功能包括海外設備採購部門、住宅修改設計部門、客戶資料統計分析部門、輔具租賃資訊統計分析部門、客戶電話服務中心（Call Center），以及非營利的 Abilities 福祉協會。

由於輔具租賃事業是屬於日本介護保險制度＊提供照顧者服務的主要項目之一，所以伊東先生先大致介紹了日本介護保險制度，也由於 Abilities 已經有大約四十年歷史，所以大部分高齡者都知道 Abilities，但是由於介護保險只實施了十年時間，其中扮演重要角色的介護師（Care manager）對於 Abilities 所能提供服務的能量反而無法充分瞭解，所以 Abilities 內營業員（Sales）的主要任務，就是積極與各介護師保持

＊介護即長期照護。日本介護保險制度於二〇〇〇年實施，作為民間財團法人社福機構提供照護服務的法規依據。

聯繫，並提供介護師充分的資訊，畢竟在介護保險制度中，介護師是與客戶第一線接觸的人員。以輔具租賃而言，介護保險限定只有十二大類產品可以適用租賃補助，即使如此，產品規格以及功能仍然非常多，而且新產品不斷推陳出新，這些都不是介護師所能及時掌握的最新資訊，這就有賴Abilities的營業員提供充分資訊，讓介護師能夠選擇最適合照顧者的輔具產品。

Abilities一向以提供高品質的照顧服務為企業營運的最高指導原則，伊東先生也承認，剛開始實施介護保險制度時，的確有相當多的輔具租賃事業相繼成立，造成市場價格惡性競爭，對於Abilities的競爭力造成影響。不過近兩年來，消費者已經由價格導向轉變為服務以及便捷導向，價格已經不再是主導市場競爭力的主要因素，這一點由市場統計分析資料來看也的確顯示此一情形。

團體家屋：不只活著，還要感受生活

伊東先生雖然不良於行，也是一位創齡的勇者，更是一位可自立、樂於關懷社會的老人，他就是一個創齡者的典範。在他的事業版圖中也有團體家屋的營運，這是一個選擇過不依賴的生活，希望以自己想要的生活方式來迎接臨終的老年族群，共同落實並實踐活力晚年的社群團體。伊東先生敘述他的團體家屋座落千葉縣勝浦市，我們於是驅車來到他的第二個事業單位，有八位老年人和五位工作人員一起生活。伊東先生憶及會想要開始這樣的設施，是因為希望幫助創齡世代，能夠有一個既非自家，亦非安養中心，不但有生活上的照護服務，還能跟同伴們一起快活過日子的第三選擇，在百尋不見之後，便決定開始尋找這個設施興建的地點。

伊東先生指出，關於「住」這件事，其實是一個非常感性的問題，當腦中有了「就在這裡過活吧、就住下來吧」的念頭時，通常只會考慮到居住功能性的問題。但是他在選擇建造這個設施之前，曾經考慮過以下的幾個問題：首先，最初是「假如日本被捲入戰爭時，自己和其他一起生活的人到底能不能存活下去？」為了要在戰火中存活，屆時就必須住在一個比較溫暖，且容易得到蛋白質補充的地方，他在當下所能想到的地方就是房總半島了。接下來，他找到一個可能探鑽出溫泉的地點，便在那買下了大約四千坪左右的土地。在一百五十坪的建築物、溫室、工作室完成後，便於一九九六年四月開始營運。

伊東先生說他一直想要設立一個能讓創齡世代活力十足地度過老年生活的地方，可是實際體驗到跟老年人一起生活的經驗後，才發現需要的其實是更內在的東西。住這件事，並不是只要能在哪裡苟延殘喘地活著就好，而是要去探索有沒有自己能找尋的東西。最後他終於能夠瞭解，重要的不是在這裡感覺白天的光亮或是聲響，而是用自己的感官去察覺晚上吹拂的是哪種清風，響起的是哪種聲音，而夕陽又是如何散發出它的光芒等事物。

我們小心翼翼地參觀，怕打擾到他們的生活，伊東先生介紹一位七十二歲的住民——秋山先生，過去曾擔任高中教師，四年前妻子去世後，就開始了團體家屋（田園生活館）的生活。他常常去釣魚，說這都是為了排解寂寞。他自己的住家就在團體家屋附近，白天會在自己家裡吃過早餐、午餐，下午到傍晚則在家屋度過。只是這樣的做法好像讓他慢慢感到麻煩，到最後是白天在家裡練書法，或編織籃子，三餐跟夜晚都在家屋度過。有些高齡者由於安全考量或個人因素，深怕黑夜到來，也會選擇到家屋和眾人一同生活。秋山先生曾告訴室友：「我得了老人性憂鬱症」，因為憂鬱症的前兆正是怕黑，結果被其他人回說：「能自覺自己有憂鬱症的話，就還不算得到了」。之後他告訴大家：「雖然我還不太曉得變老是怎麼一回事，不過我正在具體體驗老化這件事，實際上，我覺得這還算是個滿令人高興的體驗。實際地體驗老化，對人來說是件很重要的事，不是嗎？」

另一個是八十四歲的中川女士，她說：「現在的老年人被給予太多東西了，以至於都迷失了自我。」她也舉例說明，「像是如果要上輪椅的話，我們不該馬上就想依賴其他人的幫忙，應該要先想辦法自己試著移動身體。我們老年人需要的不是服務，或是被強迫接受的娛樂，我們需要的是一套老年生活教育計畫。」

生活方式、生命延續或結束的選擇權

伊東先生表示，在開設團體家屋後，讓他深切體會到，大多數的老年人其實都幹勁十足地面對高齡社會的挑戰。老人養護設施也不該只照本宣科地回應老年人們多變化的需求，而必須以全新的觀念為主軸，以獲得營運上的蛻變。用三句話來說明這個觀念，一個是「不依賴地活下去」，第二個是「生活方式的選擇權」，第三個是「生命延續或結束的選擇權」。由第三個開始說明，九成住在團體家屋的居民都選擇捐獻大體，而且他們都不希望自己在臨終時，還要受到鼻子被插管、胃被開洞等延命治療，每個人都已經向主治醫生服務的醫療機關提出同意書了。

關於第二個生活方式的選擇權，就算老人家提出「想要住進安養中心」，家屬們大都會說：「傳出去的話，我們怎麼還有臉面對眾親友」，或是：「那地方很危險，要去的話先把你的存摺寄放在我這裡好了」。雖然透過自己的判斷做決定很重要，但是大多時候都不能自由選擇。

再來談第一個「不依賴地活下去」。人從生下來到死去都是一個人。就算是夫婦也還是單獨的個體。任何人都會深切感覺到一個人的孤獨，以及因為孤獨而來的絕望。但是自立這件事，不就是從那孤獨的深淵，用自己的力量奮力地往上爬嗎？所以我認為，若是不能自覺一個人這個事實，想要擁有獨立的生活是很困難的。

在團體家屋的經營上，伊東先生做如下說明，家屋的成員對自己所吃的食物有很多想法。要下肚的魚都是到勝浦漁港的早市，買人家釣回來的鰹魚或是竹筴魚。這些魚的味道，跟從遠洋捕撈、用藥物醃製帶回來的鰹魚完全不同。所以團體家屋的創齡者因此變得非吃現釣的魚不可。而在院子裡約有三百坪左右的菜園，蔬菜幾乎都是自己種植的。的確，營養不是吃下去就好了，還必須從頭到腳重新審視自己的生活態度才可以。這些都直接連結到飲食與思考的原理。

各個成員住進團體家屋之後，因為居民的性格各有特色，於是就會發生像：「我還想要更自由地去做」等糾葛。居民裡有些人想要從早到晚都倒臥在榻榻米上休息，但是，那當然是不被允許的。在一次又一次經歷這樣的糾葛後，慢慢地就會瞭解自己對旁人該做的事是什麼了。我補充道，這樣的體驗很好，是一種學習，也是一種成長，伊東先生認同我的說法，並繼續說明這個地方與現存的養護設施其中的差異。第一，在團體家屋比較容易與團體中的其他人保持一定的關係與義務。這些並不是被強迫加諸自己身上的義務或是責任，而是自己在歷經煩惱、糾葛後所體會到的結果。而且，居民本身是可以做選擇的，像是：「其實我並不喜歡團體家屋，但我還是要留下來」，或是：「因為喜歡這裡，所以我願意付錢住下來」等等。這就是居民的特徵，在互相發表的意見中有所爭執，然後確定「這些家屋就是這裡好」，然後展開他們的生活。還有，在共同生活中，大家會一起看電視新聞，關於北韓或是歐洲的希臘等問題，大家也會一起討論。像這樣子，可以積極觀察外面的社會動態。

更進一步，住民與住民間的人際關係也變得非常深入，各家親屬的交流也相當頻繁，感覺好像家族成員擴大了般。好比如果有人因為臼齒痛去看牙醫，大家都會知道是哪顆牙、怎麼痛、看了哪家醫生等等，而且會一直關心到那個人看完病踏入家門為止。就像這樣，在團體家屋裡展開了身為人類的那種細膩且關係錯綜複雜的生活。

最後伊東先生發現，老年人的想法在早期、中期、晚期的階段上都大不相同。六十歲到七十歲左右的人喜歡積極的交際關係，七十歲到八十歲左右的人對健康問題很有興趣，年紀再大一點的話，會比較注意關於醫療的話題。

活力創齡——這是一個充滿理想的絕佳想法。而且我認為發起這樣的運動是必要的。舉例來說，在鄉下，最有活力的應該是老婆婆們。從年輕開始一直辛勤地忙東忙西，到現在孫子、曾孫承歡膝下，老爺爺也走了，已經沒有什麼好遺憾了。將該做的事全做完的老婆婆是最有活力的。這樣的人，才是人生競賽中的勝利者。只是，在這些例子中還是有人無法過得活力十足，可能是因為疾病，也可能是其他的理由讓他衰弱了下來。對於這樣的人，精力充沛的人又該怎麼跟他們相處呢？如果不同時探討這個問題的話，可能會出現獨善其身的情形。假如不深入檢視有活力的背後會產生怎樣的問題，這個運動在推廣上還是有一定的困難。

最後，我們一行人在伊東先生親自掌廚的餐廳裡，度過最溫馨的夜晚。藍色的蠟燭，搭配白色餐桌，一幅幅田園景色的西洋畫，構成一個恬靜的饗宴舞台，伊東先生的女婿烹飪一桌好吃的牛肉大餐，在杯酒之間，伊東先生也語重心長地告訴我們，讓我們來想想人類的價值在何處。假設有一個癱瘓在床的重度失智老人，他腦中存在的價值是什麼？照護一個沒有價值的人其實是一件非常殘酷的事情。我們必須要用什麼態度，來接受這樣的一個人的價值呢？這個問題若不一起思考的話，照護工作會有變成商業行為的危險。伊東先生接著表示，在納粹集中營中存活的人中，有一位弗蘭克（Viktor Emil Frankl）博士。他的著作裡有一本《活出意義來》（*Man's Search for Meaning*），在日本成為最佳暢銷書。他在《死と愛—實存分析入門》（*Existential Psychology*）這本書中寫到，「**人有創造的價值，體驗的價值和態度的價值，最後留下來的是態度的價值**」。雖然什麼都不做，雖然只能接受照顧，但是老年人還是會用他的表情或是態度來表達他的感謝。態度是有價值的。這句話要說明的就是這個意思。我希望能和大家一起思考人類的價值。

伊東先生的這席話，久久隱藏心底，難以散去，誠如他所說的，每個階段有每個階段的思維，如果站在台灣老人照顧的負責態度上，我們得到什麼？又失去什麼？一張張漂亮的成長曲線圖的背後，是真的還是經過修正的假圖？誠實是最佳策略，或許也道出長期照顧的真諦。

本章附錄①

民國101年5月30日《聯合報》新聞

老得健康　日本社區打造混齡共居

／周美惠台北報導

因應高齡化社會，台灣時興供老人集中居住的住宅。比台灣更早進入高齡社會的日本，在發展老人住宅廿年後，思考的是如何藉由「跨世代融合」的住居型態，讓老人住宅融入社區，讓高齡者活得更人性化，進而延長健康壽命。

愛知產業大學建築研究所教授延藤安弘說，日本有四分之一人口為六十五歲以上老人；廿年後，將有超過一半人口是老人。但高齡者常被視為弱勢者或病人看待；國際上新興的思潮是active aging，意即讓高齡者身心保持活躍而有價值感。

為了延長老人可自理生活的「健康壽命」，應鼓勵他們退休後多參與公共事務、終身學習、擔任志工。老人的居住課題也需要適當的軟硬體基礎建設，跨世代融合的混齡居住模式，應運而生。

他舉例，愛知縣長久手町的「五點過後村」系列既有照護式退休社區的特點，又結合了年輕人、幼稚園等設施。有的將失智老人安置在一樓，二樓便宜租給年輕的未婚女性，這些未婚女性在上下班時會經過一樓，即可與失智老人打招呼、互動，藉此可以延緩失智老人病情惡化。

台大城鄉所博士候選人宗田昌人補充說，「五點過後」意指上班族將自己的時間賣給公司，得等到下班（五點過後）才能擁有自己的時間，寓意為「下班之後的樂趣」。

「五點過後村」的創辦人吉田一平原是上班族，他因病離職後返鄉成立「太陽幼稚園」，實踐與當地生態、人文環境融合的幼童教育。同時買下差點被拆除的老民宅，整修後邀請社區的老人與孩童互動。時日一久，這些老人因身體逐漸退化難以走出家門，他便申請成立護理之家，讓這些老朋友就近受到照顧。

這個環山擴展的村落，在幼稚園旁邊的森林裡蓋了五十戶老人住宅，其中三十戶由日本長照保險給付。

村裡的餐廳由名古屋一家居酒屋的廚師負責。幼稚園旁的老民宅，現在如同社區的活動中心。同時規畫跨世代混居的租賃集合住宅，供老人家與年輕的小家庭、單身者同住。

——轉載自101年5月30日《聯合報》A8版

本章附錄②

民國101年7月12日《中國時報》新聞

日本銀髮族再就業　自創人生第二春

／黃菁菁東京電

日本千葉柏市的豐四季台團地（國民住宅）去年起推動「長壽社會造鎮計畫」，協助高齡者再就業，吸引了許多退休銀髮族響應，他們來自各行各業，相同的是，再就業使他們變年輕且充滿朝氣，也從工作中創造了人生的第二春。

銀髮族想找合適的工作並不容易，因此該計畫特別針對他們的需求來規劃工作機會，包括農業、餐飲、保育、生活支援、福祉五大項，將這些銀髮人力分配到當地的老人院、幼稚園、補習班等欠缺人手的機構，從事助理性質的工作。

豊四季台團地去年十月成立的「小羊會」老人院，特別雇用了三十六名再就業老人，負責清掃、洗衣、送餐、整理花園、菜園等。每五人一組分工做一份工作，有人臨時有事即可由其他成員替補。

八十歲的上岡禮子說，她是在兒女的推薦下報名參加，現在她在老人院的餐廳送餐，每周二、三次，每次二個半小時，工作後接觸許多人，覺得自己變得比以前有精神，下班後跟同事去喝茶、聊天也成了生活的一大樂趣。

七十歲的高橋宣康說，他退休三年以來，每天只是看看書、四處旅行或悶在家裡。現在白天在幼稚園當助理，下午在老人院的菜園工作，生活過得很充實。而且生活也變規律了，現在一早要出門會好好的洗臉、刮鬍子、擦乳液等，大家還愛互相開玩笑說，變得比以前帥了！

團地內的「胡桃幼稚園」也雇用了六名再就業老人，幼稚園老師人手有限，有些家長無法按時接送小朋友，因此現在都仰仗高齡人力在學校迎送、照顧提早到校和晚歸的學童，上課時也協助老師替小朋友換衣服或講故事等。

六十三歲的小谷行久代表示，接觸小孩之後感覺生活有很大的改變，心情變好了，現在連經過幼稚園都會想到小孩可愛的表情，感覺人生好像從黑白變彩色了。

有些曾長年派駐海外或高級知識退休人才也參與了這項再就業計畫，他們被派到補習班教小朋友英文。六十四歲的江木隆之工作時跑遍歐美，退休前曾發誓以後絕對不再工作。

不過，江木說，退休的頭一年，除接送家人外，幾乎足不出戶，有時在家看一整天電視，覺得自己都快成廢物了。開始工作後，打高爾夫、桌球、購物等出門活動增加了，最驚訝的是，腦血管、智能和肌肉的檢查數據都比以前還好！

這個銀髮再就業計畫的初期因工作機會不多，每個月工作時間不長，薪水平均只有二、三萬日圓（近一萬台幣），不過對領年金度日的退休者而言，錢並不是那麼重要，更重要的是再就業讓他們找到興趣、朋友和健康、快樂。在幼稚園工作的小谷說，如果健康允許，希望能一直在孩子的笑聲中做下去。

——轉載自101年7月12日《中國時報》A7版

本章附錄③

民國101年7月12日《中國時報》新聞

活到老工作到老　高齡社會新型態

／黃菁菁東京電

「退休後絕對不再工作」是許多即將退休人的心願，不過成天不工作是否就快樂呢？東京大學高齡社會總合研究機構特任教授秋山弘子調查發現，答案竟是否定的！銀髮族再就業可能成為未來日本超高齡社會的新型態。

日本即將邁入超高齡社會，平均每四人中就有一人超過六十五歲，到二〇五五年時每二．五人中就有一名老人，而獨居老人看護、孤獨死等問題已逐漸浮現，如何打造健康的高齡社會，成為迫切的重要課題。

秋山指出，全球最長壽的日本已是九十人生的時代，老後的幾十年時間有九成要獨自生活，平均男性約廿年、女性約廿五年，然而許多老人難得與親戚、朋友、鄰居碰面，孤單地過著平淡無趣的生活。

東大調查發現，九成退休族仍想繼續工作，但不想通車上班，最好能自由決定上班時間，工作時間不要太長，才能兼顧興趣和隨時陪家人旅行。

千葉縣柏市的豊四季台團地是東京奧運時蓋的國民住宅，近年來年輕住戶外移，退休居民回流，現在四成居民都是老人，也正是日本高齡社會的縮影。

東京大學高齡社會總合研究機構，與千葉縣柏市、UR都市機構，藉著老舊國宅改建的機會，實驗性地推動「長壽社會造鎮計畫」，其重頭戲就是與當地機構與企業合作，創造銀髮族再就業機會，現在已有二百八十位銀髮族二度就業，再創第二春。

招募對象年齡在六十歲以上，只要身體健康、頭腦清晰者皆可應徵。東大高齡社會總合研究機構研究發現，這些老人的體力和記憶力都有明顯的改善，行動力也比以前強。

秋山指出，鼓勵銀髮族復出，不但可以提供貢獻社區的機會，也可讓他們找到老後人生的意義，更可增強體力、防止老年痴呆並促進健康長壽。

秋山還強調日本高齡少子化問題嚴重，勞動人口不足，與其期待引進外勞，還不如善用女性和老人的勞動力。希望未來的老人活到老、工作到老，無需靠年輕人照顧，自己創造人生第二春。此模式若推展成功，也可能成為日本未來高齡社會的範本。

——轉載自101年7月12日《中國時報》A7版

IV

二十一世紀的明星產業

銀髮族多元照顧產業・醫療照護產業的創新思維

◆

劉豐志

前言

書籍是日本過去在高齡社會來臨，推展福祉產業最有用、最深遠、也最具價值的產物，它可以流傳、可受公評，可以是醫師教導護士、護士教導家屬的有用工具。台灣有很多銀髮照顧計畫，卻少有一本好書，日本銀髮計畫做的不多，卻有滿山滿谷媽媽看得懂的照護書籍，如果照顧知識只留在計畫裡，無法與大眾接觸共享，那麼在地老化*只會是神話，從這樣的演化可看出成功與失敗，何其有幸，在這裡，將銀髮照護的經驗，一字一行地娓娓細述，讓你也可以是銀髮風暴下，有機會竄出的智者。

本篇章以照顧的需求層次來論述產業型態，為了方便統整照顧方式與方法，我們將服務對象區隔為健康、亞健康、病人等三種層級，針對健康或亞健康的銀髮族群，主要提供食、衣、住、行、育樂及健康等需求的產品與服務，我們稱之為銀髮族多元照顧產業；另一方面，對於體能較弱之亞健康或病人的中高齡族群，主要提供醫療照護等需求，則稱之為醫療照護產業。我們將以此兩項需求為前提，論述其產業現況、創新服務模式、我國因應之道等主題，探究未來可能的發展路徑。

＊「在地老化」一詞源自英文 **aging in place**，又稱「在地安養」、「原居養老」，意指運用在地資源照顧高齡者，使其在自己熟悉的環境如住家、社區中自然老化，並得到完整的照顧，避免使用機構式照護系統所帶來的心理壓力。

銀髮族多元照顧產業

將預防醫學概念導入居家照顧體系

全球人口結構呈現高齡化趨勢，導致主要死因由傳染疾病，轉變為以慢性及退化性疾病為主，加上國民平均壽命延長，皆促使醫療資源的需求呈現急速增加的趨勢。為使醫療資源能獲得更有效的利用，且使慢性疾病患者能夠得到完整的醫療與照護服務，因此發展出與急性醫療具有互補性質，且具有承接醫院醫療的銀髮族多元照顧產業。

銀髮族多元照顧產業的發展，不但具有預防醫學概念，間接降低整體醫療成本，也能使銀髮族得到良好的照顧服務，在我國邁向高齡化社會的同時，建構一個良好的居家照顧體系，以促進醫療資源的有效運用，並減低高齡人口所帶來的龐大財政負擔，將是目前迫切且必須進行的課題。

居家環境是每個人最熟悉的空間，同時也是停留時間最長的場所，隨著高齡化社會的來臨及醫療健康保險給付制度的變革，世界各國無不積極推動以居家式、社區式為主的照顧服務模式，利用提供輔具，及導入通用設計概念以照顧銀髮族或身心障礙者，以建構健康與照顧服務，提升多元照顧服務的品質與滿意度。

跨時代的銀髮產業革命

一九九三年九月，台灣老年人口超過七％，正式進入高齡化社會，截至二〇一一年六月，六十五歲以上人口已超過十一％。依據經濟建設委員會推估，未來短短十四年內，台灣將以「三級跳」方式快速老化，先是五年後（二〇一七年）老年人口比例將超過十四％，達到高齡社會，再七年後（二〇二五年）六十五歲以上老年人口比例超過二十％，達到超高齡社會，即每五人中就有一位老人。台灣老化速度快，主要是大批戰後嬰兒潮湧入成為老年人口，另一端卻因生育率急速降低，後繼無人。扶老比（十五至六十四歲生產人口數對六十五歲以上人口數比例）於二〇一一年為七：一，二〇二三年升為四：一，到二〇三九年竟達到二：一，態勢極為險峻。然而，我國居家之老年人口多半與子女或配偶同住，而擔任主要照顧者的多半是女性，如被照顧者的配偶、媳婦、女兒等。老人是否繼續留在家中或社區中，與其功能障礙程度及需求情形、本身或家人的意願、經濟考量、政策上的給付問題等有關。

依據內政部調查報告統計，國內有五．四三％的老人無自主照顧能力，其中八十％以上的老人由家人、親友或雇工照顧，所以近年來的居家照顧服務需求與成長有日益增加的趨勢。銀髮族多元照顧產業乃指應用多元產品及多層次服務系統，並整合區域資源進行銀髮族食、衣、住、行、育樂、健康等關懷與服務，藉由此項運作，建構以銀髮族為中心，涵蓋輔具供應、健康休閒、醫療照顧服務、精緻農業、保健器材、保健食品等領域之產業。廣義的銀髮族多元照顧包含「生產」、「心理」及「社會」三個層面，彼此和諧互動。一般而言，銀髮族多元照顧是指：以延緩老化、活化機能與身心照顧為主，所以對促進健康、維持健康、恢復健康，以及短期照護、安養照顧等以銀髮族為主體的生命關懷皆屬於此領域範疇之內。

銀髮族多元照顧產業本質上講求人性化與科技化，尤其著重服務科技化，將屬於服務需求者之方法導入科技含量，可分軟硬體設部分，亦即健康照顧服務具體經驗營運模式及服務技術內容（軟體）；與促進優質服務品質的環境設施、安全設備、省力的輔助裝備及復健輔具等（硬體）。

健康照顧內容以維護個人尊嚴並講求溫馨、體貼、安全原則下，提供人性化的服務；優質健康照顧服務的設備、設施、環境與器材講求科技化、現代化、安全性並符合人性需求，至於促進身心健康的保健食品與健康休閒活動亦包含於產業範圍內。

銀髮族多元照顧產業範圍廣泛，每一個環節彼此皆相互關連，從食、衣、住、行、育樂、健康等，到政策、環境、醫療、人力服務，以及輔助照顧裝備，都屬優質健康照顧服務體系內不可或缺的考慮因素。

進入老年期後，在生理各系統機能上逐漸出現「老化」的現象，行動力減弱、視力變差，咀嚼功能變差、吞嚥困難等機能退化現象，造成生活上之不便，因此在食、衣、住、行、育樂方面，都應針對老人的需求而重新考量設計產品，此時產品的設計，可說是另一個跨時代的產業革命！如同老人住宅的環境控制、無障礙空間設計、特殊車輛設計、居家護理服務、休閒保健、生活輔助、遠距傳輸及復健輔具等銀髮族照顧設備，都是未來健康照顧產業需要投入改善的範疇。

為延續老年人身體功能，讓老年人具有生活自理能力，不因老化現象而增加照顧人力、醫療資源支出，減少人民及政府負荷，已成為各國致力發展的目標；因此預防保健也是重要發展的一環，如保健食品、醫療復健等。另一個面向因老年人生理機能退化，造成心理層面負擔，一旦問題無法紓解及調適，老年人便經常會面臨心理精神疾病。為鼓勵找到各自的心靈良藥，重新快樂起來，休閒娛樂為生活不可或缺的調適劑，日日歡笑才可去除疾病，常保健康，因此開發適合老年人外出行動自如、健康休閒的輔具與服務亦為重要之一環，其相關領域之說明如圖一（參 p.146）：銀髮族多元照顧產業發展架構。

由圖一不難察覺，銀髮族多元照顧產業包括銀髮族照顧服務、日間照顧、安養照顧、健康促進、多功能輔具研發、居家照護器材、觀

圖一　銀髮族多元照顧產業發展架構

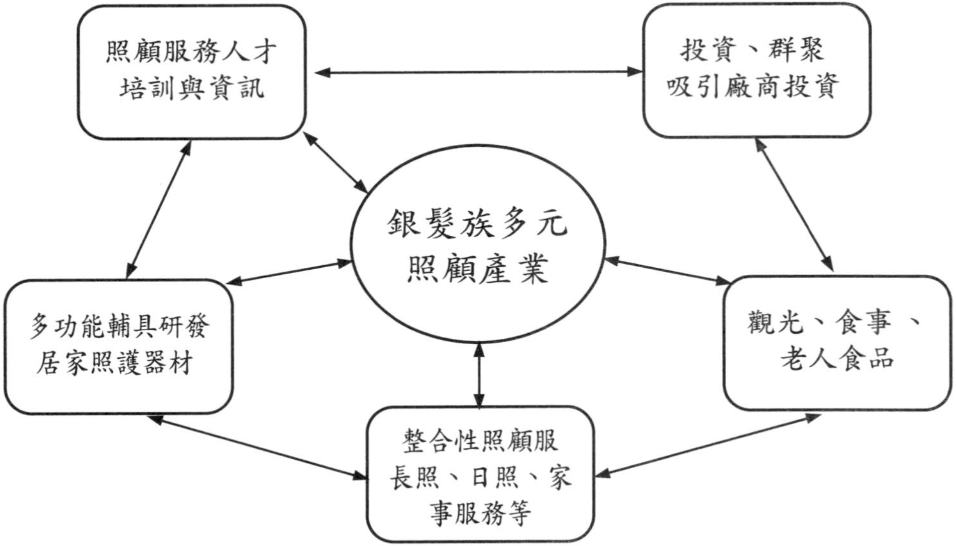

光、食事、老人食品、健康食品等主要項目，然而該產業所鏈結的工作項目尚包括照顧服務人才培訓與資訊、產業投資、產業群聚等項目，在推展或規劃整體工作上將著重銀髮族之照顧服務，以服務為核心重點。

由於銀髮族在資訊取得不對稱的狀況下，難以取得適當之器材、設備或相關設施改建等，且他們在使用這些器材、設備及設施時，其所需之規格亦不相同，所以為滿足這類要求，體驗服務模式因應而生，讓銀髮族可直接觸摸、感受或真實體驗相關設備設施所帶來之便利性，以提升其優質生活品質之目標，並經由體驗所帶來的需求者意見，將資訊提供給廠商做為未來商品化規格制定之參考。

未來的銀髮族多元照顧服務，除了現有之居家照顧、日照中心及安養服務等模式外，可以應用體驗經濟之方式，建立設備供應體驗服務系統，以實際貼近需求端，在所提供之器材若有新規格及環境建制不足之處，亦可應用集結相關製造業、服務業及周邊產業共同建置聯合服務之客製化系統，以科技化服務整合現有產業能量，連結銀髮族需求端與供應端之間隙，以實際滿足銀髮族多元照顧產業之需求。

圖二即說明此一健康照顧之體驗服務模式，經由此一服務可結合服務業、製造業及周邊產業等，以建立完整銀髮族優質生活供應系統，為未來銀髮族多元照顧產業聚落建立完整基礎，其所對應之服務業如：日照中心、居家照顧、安養機構、照顧設備供應系統或公司、租賃服務等，以及相關製造業如：醫療器材製造業、住宅改善製造業、保健休閒設施業、生活輔助製造業、銀髮族數位家電業、銀髮族共用品製造業等，還有周邊產業如：衛浴洗淨業者、銀髮食品業者、保全業者、旅遊業者、景觀設計業者及相關財務管理業者等，以全方位服務模式建立一個銀髮族多元照顧資訊網絡，達到one stop service（一次滿足顧客需求）之服務目的。

圖二　銀髮族多元照顧體驗經濟產業

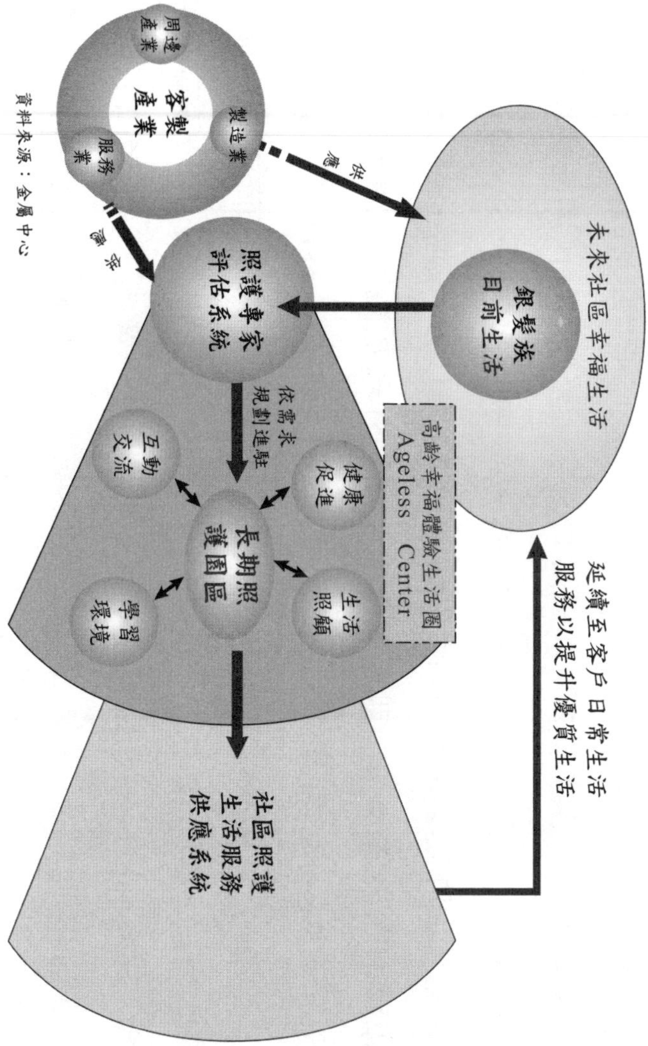

資料來源：金屬中心

劃進駐

由圖二亦可瞭解台灣銀髮族多元照顧體驗經濟產業之全貌，透過圖中台灣多元照顧園區做為社區照顧之輔導引擎，可提供社區內居家照顧、日照中心、養護中心、安養中心及相關銀髮族之生活支援，並運用健康促進、生活照顧、互動交流及學習環境等聯合國所定義之優質老人服務指標，建立台灣銀髮族在地老化之推動依據。

表一（參p.152）為目前主要銀髮族照顧服務廠商名單及其所供應之產品及服務，透過產品及服務連結相關廠商，以建構高齡養護聯盟，目前聯盟廠商家數已達一百家，並已建立一個無縫接軌式照護服務平台SCIS（Senior Care Information Service）服務系統，網址為www.scis.com.tw，利用此一服務系統，即可有效率且具可近性地在家附近便利商店購置優質的照顧器材、保健食品及服務。其相關照護器材產品包括入浴裝置、福祉車、電動升降洗手台、瓦斯警示器、升降梯、爬梯輔助裝置、上下車裝置、居家電動床、起身椅、轉位椅、氣血循環

機、健身車、理療機、按摩椅、走步機、登山車、護帶、電子寵物、運動學習機、助眠器、語音控制器、升降馬桶、視訊傳送機、多媒體播放機、畫面列印裝置等產品，該產品可提供健康照顧需求者更完善及優質之生活。

針對未來銀髮族多元照顧產業之發展品項，詳如表二（參p. 155），這些品項乃依據聯合國之優質老人所應具有的需求指標，經由這些品項連結多元照顧園區所需之器材及服務，做為未來產業群聚之業別及內容，藉由一個完整之產業發展項目，即可藉此進行招商並引進好的服務經驗，再由這些產品及服務串連形成產業群聚。

表一　銀髮族多元照護類別、產品及重要廠商名單

類別	產品名稱	重要廠商
生活輔助產品	代步車／輪椅	必翔、國睦、維順、康揚、龍熒、漢翔、Sunrise Medical、Invacare
	升降梯／爬梯輔助裝置／上下車裝置	捷保、雃博、台灣福祉、榕懋、禮享家、成昇、RICON、Bishamon、Concord、Songsan、AAT、Sunwa、AAT、Alber、Toyota
	糖尿病鞋／助行器／枴杖	德林、上強、重新、智典、明德、Otto bock、Easy stand、flexiciser
	睡眠呼吸器／助聽器	雃博、聯鑫、力豹、愷得、新廣業、台灣樓氏、Tyco、ResMed
	電動床／起身椅／轉位椅	捷保、羅布森、聯興、長庚、臺灣東陶、Hill Rom、Invacare、Stryker

保健休閒	氣血循環機、健身車、理療機、按摩椅、走步機、登山車、護帶、電子寵物	喬山、期美、巨大、明安、聯興、德譽、保達、華健、AAT、Easystand、Therapeutic Alliance、Restorative-therapies、Cybex、升魁、五祖企業、功學社、亦展、同力織維、宏碩、惠生
共用品	自動門、升降馬桶	台灣福祉、和成、亞梭、駒揚、Toshiba、Toto、Panasonic
數位產品	視訊傳送、多媒體播放機、畫面列印裝置	定騰、Agere Systems、三星電子、HP、宏碁、華碩、浩鑫、技嘉
高齡養護服務	銀髮族照顧服務、銀髮族供應系統、養護器材評估服務、銀髮族網路商店、租賃服務、渡假村、溫泉服務、生活學習服務	台塑養生村、松柏園、翠柏新村、潤福新象、雙連、博仁日照中心、獎卿護理之家、孝親和樂公司、Nippon Care-Fit Service Association、ATC Ageless Center、凱爾菲特、樂齡網、美德向邦、哈佛健康事業、嘉義歐都納山野渡假村、寶來溫泉山莊、能嘉數位、福樂多

生活照顧	互動交流
‧福祉車 ‧電動升降洗手台 ‧瓦斯警示器 ‧扶手/升降浴缸 ‧入浴輔助設備	‧老人手機 ‧定位系統 ‧門禁影像/防入侵設備 ‧老人用視訊互動設備 ‧音樂情境溝通
‧音樂療法 ‧登山車/護帶 ‧Spa/休閒袋/玩具 ‧理療機/按摩椅 ‧敲球/釣魚用具	‧電腦協助掛號 ‧虛實體娛樂系統 ‧日照需求互動設備 ‧影音式採購機 ‧銀髮族動畫遊戲
‧無線生理監測 ‧老人娛樂器材 ‧擴視機/電子寵物 ‧洗淨裝置 ‧無障礙設施	‧語音控制器 ‧多功能手杖 ‧觸摸及外觀辨識用品 ‧多功能電話機 ‧緊急呼叫鈴
‧老人遊戲軟體 ‧老人虛擬遊戲 ‧緊急通報系統 ‧叫車派遣	‧電話儲存及增音設施 ‧數位控制門 ‧數位保全 ‧影像電話及交流
‧家事服務/連線 ‧渡假村溫泉服務 ‧緊急救援/觀光 ‧團體家屋	‧社區健康中心 ‧供餐服務系統 ‧日照服務系統 ‧家庭生活網路

表二　四大範疇所衍生之產品類別及品項

範疇＼項目	學習環境	健康促進
生活輔助產品	·老人學習教具 ·步態學習機 ·動腦運算機 ·影像互動學習機 ·學習生活記錄儀	·健康食品/保健食品 ·室內溫泉/水療桶 ·便器監視器 ·居家電動床 ·升降機
保健休閒	·健康學習器材 ·復健走步學習機 ·運動學習機 ·三高保健 hub ·老人旅遊與交流	·氣血循環機 ·助眠器 ·空氣清靜機 ·健康走步機/自行車 ·醫用手機
共用品	·翻書機 ·老人電腦 ·行動復健設備 ·老人樂器 ·閱讀輔助裝置	·銀髮洗澡機 ·睡眠呼吸器 ·控溫地板 ·轉位椅/矯正鞋 ·電動起身椅
數位產品	·銀髮族電腦動畫 ·老人數位學習 ·老人多媒體播放機 ·畫面列印	·用藥提醒 ·網路看護 ·虛擬保健 ·教練數位健檢
高齡養護服務	·日照中心 ·銀髮族網路商店 ·生活學習服務 ·心理諮商輔導	·安養中心/養生村 ·運動休閒/體驗式服務 ·銀髮族供應系統

亟待整合的多頭馬車

由於國內人口結構趨向少子化、高齡化，國民平均壽命延長，以及疾病型態轉型，失能者人數大幅增加，對照顧服務之需求亦相對增高。同時，在社會經濟環境變遷下，家庭結構核心化、婦女就業人口增加，家庭所能負擔的照顧功能日漸式微，而現行的多元照顧體系又未臻健全，國內照顧服務的供給與需求之間便有很大的落差。

目前台灣銀髮族多元照顧產業存在問題如下：

一、人口急遽老化，社會對銀髮族多元照顧服務需求孔急。

二、政府對發展銀髮族多元照顧產業政策及施政大綱，尚須全面通盤考量。

三、政府對銀髮族多元照顧服務之財源及財務制度之規劃，尚未完備。

四、照顧主管機關、相關法規、照顧體系與人力發展均有多頭馬車之現象，難有統合性成效。

五、銀髮族多元照顧產業發展之規劃及推動缺乏整合，投入資源及成果不成比例。

六、公共空間與設施之無障礙環境尚待加強改善。

七、健康照顧裝備及設施的國家標準、認證、檢測制度等尚未建立，不利產品進入國際市場。

八、尚未建立深入且多元化健康照顧服務體系的營運模式發展平台。

九、缺乏具體有力的銀髮族多元照顧產業發展平台，無法提升產業技術水準，不易推動產業國際化，進軍全球市場；同時也不足以因應國內現代化照顧服務發展需求。

高齡化是全球性的趨勢，銀髮族多元照顧產業是廿一世紀深具發展潛力的明星產業。本質上乃屬人性與科技整合的大眾服務產業。它包含1．具體營運模式，2．服務內容方式及技術（服務軟體），3．促進優質服務的環境、設施和輔助照顧的先進科技化裝備與器材（服務硬體）。政府正積極制定產業發展策略，規劃制度與輔導措施，以期充分發揮民間及政府資源，扶植此新興產業進入萌芽期，一方面促進經濟發展，同時兼顧社會正義與民生福祉，建造優質的永續生活環境，落實「台灣健康社區六星計畫」的施政目標。

台灣具有豐富地理景觀、多元族群特色，並擁有得天獨厚的陽光、海洋及平原。因此，規劃一個適合長輩安享晚年生活的環境，是當前必須立即處理的課題。本產業以區域整合概念，透過清查、連結與再利用台灣閒置空間方式，規劃提供完整的、多元的、連續性的照顧服務園區，將包含多層級照顧服務、居家照顧、終身學習、傳統文化傳承等服務內涵，期能讓長輩安心在地老化，並使落葉歸根或讓長輩長住安養晚年，更盼望吸引國外長輩前來Long Stay，帶動照顧產業發展。

仙台—芬蘭健康福祉照護中心

參考國際知名相關銀髮族多元照顧園區之作法，引領台灣朝向更符合國際趨勢之方向邁進，是產業規劃時的重點。環顧全球高齡人口已達廿三%的高齡社會國家，包括義大利、德國、日本及西班牙等國，其中日本長期注重高齡社會所帶來的社會與經濟衝擊，德國因東西德合併，造就重建商機，義大利及西班牙則面臨經濟衰退之命運，所以及早因應成為目前各國提振經濟之重要原則。

上述四個國家中，又以日本之銀髮族照顧最為成功，也最值得我國參考，以下介紹日本仙台地區所建構之「仙台—芬蘭健康福祉照護中心」（銀髮族照顧園區）之作法。

仙台—芬蘭健康福祉照護中心隸屬於公益財團法人仙台市產業振興事業團，而仙台市經濟局與該財團法人之間以借調方式互有派駐人員，以促進運作之順利。中心建物包括研發館（研究開發設施）及照護館（照護老人）二個主要的場所。仙台市是日本東北第一大城，有「日本森林之都」雅號，面積七八九〇九公頃，人口一〇二萬人。仙台—芬蘭福祉照護中心，建地面積約九六六〇平方公尺（約二九二二坪），用地面積約七三四四平方公尺（約二二二二坪），土地為國有地，建物為仙台市政府公開招標建造。樓層數地上五樓、地下一樓，建造經費九億台幣，於二〇〇五年完工啟用，北邊是商業設施，東、西、南邊是住宅所在地，為一交通便利且市場機能佳之地點，並非偏僻鄉間，如此可以吸引廠商及銀髮族進駐。

仙台—芬蘭健康福祉照護中心為產、官、學合作的機構，由仙台市引進芬蘭研發中心之關懷與貼心服務技術，結合日本企業財團所辦理之社會福利照護中心，提供老人生活上的需求、評估並收集服務，以及老人所需之設備開發的相關資訊給研發部門，做為改進研發與增進老人照護之參考，透過此一機制進行商品化及事業化。該中心是全球非常獨特的老人福利合作計畫，從二〇〇五年成立運作以來，有非常多來自各地社會福利工作者來這裡參訪，甚至遠至芬蘭實地考察。

芬蘭、日本兩國所以合作，緣起於日本仙台市長親自造訪駐日芬蘭大使館，做為芬蘭健康福利專案計畫的合作對象；確認仙台市與芬蘭進入具體的合作階段。目的在運用芬蘭貼心服務、居家照護系統及成功市場化經驗，將其應用於當地老人福利產品等之整合性開發。該中心軟硬體設施兼具健康、福利、設備研發及老人需求，並導入「芬蘭型福利」之銀髮族服務等功能。為因應未來高齡社會將面臨的挑戰，結合仙台市及芬蘭在面對高齡社會所貢獻的智慧，共同開發以解決高齡社會以及更難問題的方案。芬蘭政府全力支持這項研究開發合作計畫，非常樂意與日本仙台市政府分享過去老人照顧所得到的成就與方法。

日本社會高齡化非常快速，高齡化比率已來到二十％，相同情況的還有丹麥、挪威及瑞典。當初芬蘭老人高齡化進展的速度比日本快，但在整個歐洲看來還是普遍的。由數據看來，芬蘭與日本這兩個國家在研究如何推展老人照顧這方面的焦點背景是一致的。

整座基地建築物分為二個單位，一處是**研發中心**：專責輔具展示與輔具科技化開發；另一處是**老人照護中心**：照護對象分長期養護、短期照護、臨托服務，住宿房間約可容納一百五十名長者，目前已進住約一百名，每個房間都是為長者需求特別設計之單人房，內有促進健康活動中心、交誼廳、餐廳與水療室。研究開發中心目的在於研究如何以更好的方式，來照顧需要護理的老人。研發中心緊臨養護中心的用意，在於快速聽取護理人員的建議，採取那些具體、有效率的護理方法，來建置一個更完善的護理空間。

照護中心基本理念有三點：

第一點是維護尊重客人的隱私，年老力衰的銀髮族在人生的最後階段仍應保有個人的尊嚴，中心的老人照護所為每位老人規劃單人房並設計引進日光，讓老人能心情愉快度過健康的晚年，這與台灣陽光充足的環境條件不謀而合。

第二點是老人與社區保持密切的連繫，中心設有交誼咖啡廳，並開放給社區民眾使用，目的在鼓勵老人走出照護室，打開心胸與社會互動。

第三點是機能方面的維持。中心特設復健器材，並使銀髮族能安心、安全地使用這些輔具，提升老人的體能，才能過健康生活，享受活力希望的優質人生，在精神上、身體上都能夠達到自立的程度，回到社區在地老化。

仙台—芬蘭健康福祉照護中心的研究開發館，其營運經費來源為仙台市政府，目的在支援健康福利產業之研發工作，但後續商品化的工作非常重要，卻不適合由政府來作，因此由財團法人仙台市產業振興事業團經營所聘請之人員負責，參與人員均具相關產業經驗，並有政府人員參與。其次，研究開發館由仙台市政府實際負責整體協調，產業振興事業團則做個別支援工作，洽談與芬蘭之間的合作事項；其中一項開發老人獨自生活的計畫，公開招募日本及芬蘭的提案，事業團隊做媒合與支援；器材開發工作，則可由日本、芬蘭的大學或經由產學合作的廠商開發。此外，媒合平台目前未收費，因廠商多為中小企業，在媒合成功個別簽約時，因語言不同，事業團協助英文合約之訂定，但持中立立場，也有需收費之服務項目。

仙台—芬蘭健康福祉照護中心也與企業、產業專業人士、奧斯陸大學、東北大學舉行研究會議，進行基礎方面的研究及開發，由仙台和芬蘭行政機關、銀行、產業振興協會、貿易局等共同創設，建設方面由經濟產業省、農工省、厚生勞動省、工程界等產業振興集團籌組提供支援。研究計畫中之族群，不只銀髮族，也包括中年層（四十歲以上）共同研議如何在進入高齡層時能夠自立、擁有高生活品質。

在芬蘭任何老人中心都設有康復中心和水療室，但在日本有此設施設備的養護中心為數不多。

仙台—芬蘭健康福祉照護中心主要是支援銀髮族能夠自立、健康的回到社區當中，能夠重回社會，對社會的健康福利部分也可以達到啟發的作用，因此在研究的部分也引導產業的創新。館內輔具分為已完成、尚在研究階段、部分完成但不適合館內使用三種。全放置在館內展示，主因是如有其他相關產業或研究機構來訪時，看到完全研究成功製品後，也許會有新的提示或想法，藉以強化成為一個完美的製品。

為了讓不能行走的老人有康復的希望，更研發一種促進健康輪椅，不會因為坐上輪椅而完全不能行走，即使不能恢復，也能維持現狀，讓失能狀態不致更加惡化。入住中心的高齡老人每人手上都帶有一種手腕式緊急救援裝置（透過晶片可感應老人活動狀況，知道其是否處於活動中），工作人員可根據活動情況來判斷老人的身體狀況，主要用意在維護個人隱私，不須在護理人員督導下自由活動。工作人員透過電腦健康分析儀表瞭解老人目前狀況，腕錶中間有緊急按鈕，發生緊急狀況時可按下通知護士或工作人員幫忙，中心對輔具開發研究非常重視，也歡迎外來研究機構共同探討。

充滿懷舊氣息的銀髮育與樂

除此之外，芬蘭或日本也有許多銀髮族多元照顧之模式，詳述如下：

一、老人遊樂園模式

開發專屬長者的多機能遊樂園區，結合社工、復健師與老人運動休閒專家等進行活化與延緩老化設計，配合都市計畫與觀光發展，考量可近性的應用，使老人在遊樂園中之行動與步態，都會是增益體態之緣由，讓遊戲與復健可以是生活的一部分，由遊戲中體健肢能，在生活中不知不覺地提升自主能力。有些台灣的運動健身公園對老人而言，形同運動傷害公園，我們的公園雖然名字漂亮稱為運動公園，但是屬於公園路燈管理處管轄，雖然也有些設備已經不錯的公園，可是並沒有專人引導（如復健師），以致效益發揮有限，社區急需設置適當的設施與引導人才，如此才會發揮實質效益。

銀髮族的照顧，首重自主照顧，長期照顧不應只是單向進行，而是雙向運作，如何引領自我照顧的能力以及預防方式，也是相當重要，結合社工、復健師與老人運動休閒專家等，以進行增加活化與延緩老化設計，需要依據每個老人量身訂做。

芬蘭建構老人遊樂園，就是要建立老人自主照顧之學習與生活化，老人在遊樂園中，有專業的協助，又有群體的共同活動，快樂又活潑，並不像我們印象中的無精打采，缺乏活力。有復健師從旁指導，在遊戲中瞭解或學習日常生活自主照顧的技能，及早投入預防來延緩失能，會有更多老人和家屬提升生活品質，使銀髮族活得久又活得好。

針對銀髮族老人遊樂園規劃，應加強社區連結，由社區生活中，體認老人的需求與相關遊樂設施及商品之設計，並從老人實際使用情形，逐步改善，以達到引導學習之目的。

二、老人懷舊文化體驗園區

運用富有懷舊閒置空間，規劃老人懷舊園區，配合失智症懷舊治療、文化交流與老人體驗設施，除吸引長輩外，亦可提供青壯年人體驗老年人的生活，進而學習尊重與吸取長輩智慧。

結合老人遊樂園及懷舊文化體驗園區設計，可以建構在如下幾項原則上：

1．交通方便之處所，以方便老人自行前往，如日本東京巢鴨高齡養生照顧商圈，該商圈就設在巢鴨地鐵站，為東京地區老人每年必定會前往朝聖之處所。

2．有精神信仰之處所，日本巢鴨高齡養生照顧商圈有一著名之高岩寺（可比擬台北龍山寺），為其精神象徵，所以台灣銀髮族照顧園區亦可考量，以提供銀髮族真正想去又可進行遊樂與懷舊之目的。

3．具有購買相關輔具、生活用品、懷舊商品、照護診所、老人商店等功能，且日本巢鴨高齡養生照顧商圈之販售者，大都是上了年紀的高齡者，以高齡者服務高齡者，共同述說那一個時代的趣聞、話題、文化與生活等，讓生活步調和緩下來，在心靈交會處，感受到的將是喜悅、是溫馨，如此才可創造一個屬於老人之懷舊文化體驗園區。

4.懷舊園區可以是一條街或是一個區塊，讓老人安於此，進行懷舊、遊樂、飲食、參拜、交流、看診等，如此逐步集結，亦可形成一個具有特色之觀光據點。

三、老人寄宿學校

少子化問題，給台灣帶來過剩的校舍，開發大專院校閒置空間與人力，將老人終身學習與觀光產業相結合，輔導招生不足或有意願之大專院校，投入發展老人寄宿學校市場。透過台灣大專院校之照顧社群網絡，連結上述之照顧資訊平台進行交流，由平台之登入及查詢功能，瞭解目前老人寄宿學校之名額及課程，藉由網絡連結，可以異地寄宿與學習，以增加老人交流與興趣。

由身障者照顧老人的案例

每一位老人都走過人生中精采的過程，但當他身體逐漸老化，記憶力衰退，諸多因素導致喪失生活動力與信心，不再積極與外界接觸，有鑑於此，日本福岡縣政府與企業界合作一項老人照顧計畫，以身障者去照顧老人，乍看之下，有一點唐突，在計畫之初，由企業聘僱身障者，經過職前訓練，身障者可以自然地與其所服務的老人進行電話交流，或視訊溝通或聊天之服務。一開始老人不喜歡受到打擾，失去生活動力，整天臥床。確實，身障服務人員剛開始並沒有期待效果，但執行一段時間後，老人體會到服務人員的關懷熱誠，被照顧的老人漸漸開始活動，開始重視自己。事前身障者與老人並不認識，僅依據身障者職前定時訓練，憑藉著服務熱誠，無論對身障者或老人而言，都得到成就與效果，對於身障者來說，也是一種訓練，且逐步進展更高難度的服務，老人與身障者可互相照顧，互相體諒，沒有性別上的顧慮，但必須考量雙方之相容或因緣。

企業之客服中心的照顧比例大約是四十位身障者照顧四十位老人，每次電話交流約十五到二十分鐘。針對老人特質，客服中心也可安排身障者輪流服務不同老人，由於視訊電話比較昂貴（可能為電視機或顯示器），目前該企業採購四台，可依據老人喜愛做客製化設計。在該計畫中，身障者在聊天時會記錄老人的生活需求，這項記錄工作亦可考慮由失明者擔當，進行內容打字的工作。

該計畫為何讓老人進行聊天交流？因為在聊天過程中如果發現異狀，可通知社福人員或醫療照護單位，且從聊天中瞭解老人狀況與感受，也可藉此設計如何照顧老人之方法，在商業運轉上，未來可考慮由企業提供此項服務，如此，企業收集更完整的老人照顧可用資料，建立資料庫，進行開發，以服務更多需要照顧的老人。

醫療照護產業的創新思維

醫療資源的延伸：居家照護服務

根據衛生署二〇一〇年統計，全國高達約七十二萬人有長期照護需求，扣掉十八萬人選擇自行聘僱外籍看護來解決需求，剩下約四十六萬的失能者，純粹只依賴家屬、親人或朋友照顧。有鑒於此，居家照護的知識教導、實證訓練及創新服務等，現況急待支援，居家醫療照護服務即可使原來必須在醫療院所進行的診療方式，得以改在病患家中或是其他類似場所進行，並透過居家監測儀器進行健康者的自我檢測及患者的監測，將可降低未來龐大的老人醫療照護成本。

居家照護包含服務以及相關器材設備兩大層面。服務內容包含了護理照護、個人照護以及家事生活照護等項目，藉由照護者如家庭成員、看護工，與護理人員、社工人員或其他專業人員一起來完成照護工作。居家醫療照護器材與設備，則是因應醫療方式的改變，藉由提供相關醫療器材設備，使得許多以前只能在醫院進行的醫療措施，也能在居家環境中進行。其相關儀器設備所包含的內容則相當廣泛，如：慢性傷口敷料、居家醫療器材、輸液器具、透析產品、呼吸治療產品、糖尿病管理、居家生理監視儀器設備等。

高齡社會中，社會將因高齡者而改變，高齡化社會所帶來的長臥與糖尿病是無法避免的，隨之而來的褥瘡、經胃給食*與足潰瘍也是無法避免的，也就是說，我國創傷護理的重點，將由意外事故的急性傷口轉為多樣難治的慢性傷口，其他如中風、癌症及高血壓等都將相對提高，此時若不及早發展居家照護產業，以我國目前已經很高的褥瘡死亡速率、高截肢率、心血管疾病及相關癌症疾病等，在三至五年內將隨人口的加速老化而更加嚴重，因此；發展出因應高齡化人口之醫療照護服務，已經可以說是迫在眉睫了，因為一個有效、可施行、並被醫護傷患所認同的照護產業建構，不是三年或五年可以完成的。

因應龐大老年人口的成長，全球醫療照護產業也呈現逐年成長的趨勢，二〇〇一年全球居家照護市場約為五九七億美元，推估至二〇一一年將達八二五億美元。受到各國政經背景環境影響，各國居家醫療照護市場的發展也不相同。美國居家照護市場受到廠商競爭激烈、進行高效率健康管理以及健保預算成本縮減的影響，使得健康照護產業正經歷強烈的轉型壓力。日本居家照護市場則因應受到實施介護保險制度的影響，大量鼓勵民間投資，以滿足龐大的照護需求，因此也推動了日本的居家醫療照護產業。而我國的居家醫療照護產業偏重於

＊指無法經由口部進食或服藥，必須透過鼻胃管放置等方式給食。

服務層面，為解決照護人力不足的問題，未來需要運用居家照護產品來協助照護者進行相關照護的服務提供。

社區居家醫療照護必須跳脫傳統上以生物醫學為主的片斷醫療照護模式，代之以家庭為導向，兼顧生物、心理及社會的全面性照顧模式。因為唯有學得並運用此一醫療照護模式，才能以同理心傾聽並瞭解病患問題之所在，包括生物、心理及社會等各方面的問題，才能說明對病患問題的看法，承認與討論醫病看法的異同，最後並進一步提出最好的整體治療建議，必要時也才能與病患協商出最滿意且合適的治療方法。

醫療照護產業在各國已發展一段時間，相關照護產品與服務結合的模式也形成主流，但是台灣仍停留於偏重勞力提供照護的模式。雖然台灣對於醫療照護產業的需求甚大，但是照護人力的品質與數量皆嚴重不足，且對於居家醫療器材的使用仍相當侷限，然而，透過社區連鎖藥局通路，以人本關懷角度，結合醫療體系與製造能量，可以促成居家照護相關業者形成聯盟，服務社區居民，發展群聚力量，協助原本以製造業為主的型態轉型，帶領業者往微笑曲線兩端邁進，成為兼具服務與通路的居家照護器材與服務產業，進而推廣自有品牌，並期盼藉由此創新營運模式，複製擴張至其他產業，以收典範移轉之效。

換藥十分鐘，等待一上午

我個人從事台灣醫療器材產業二十餘年見證產業由平淡而興盛，在這個領域裡，從我們的廠商拿著皮箱到世界各地爭取訂單的委託製造時期，一躍成為主要的設計供應中心，這些年，已建造近千億產值，然而，這艘滿載各類型的醫療器材製造大船，近四年卻有些躊躇不前，是嶃位重了嗎？還是缺少創意與服務的元素？究其原委，如同其他產業一般，其興衰與光芒，仍無法跳脫產業演進的宿命。然而，醫療器材乃是提供專業人員或需求者，在醫療及照護需求下所使用的工具，如何讓它從醫院端走向居家端？這個構思看似簡單，其實也需要有適當的教導與配套系統，讓更多人有信心去使用它。

環顧四周，在世界各個角落，藥師及護理師仍為最受民眾信賴的服務人員，如果將他們所服務的機構串聯起來，形成一個可以朝夕相處，無所不談，無所不能，心手相攜的據點，那真的可以解決所謂在地老化的問題，亦能提供具可近性的服務，讓藥師或護理師面對需求者，經由可複製的療護方法，如針對慢性傷口、糖尿病足病變、中風、高血壓、高血脂、造口、失禁、失智、復健、失聰及睡眠中止症等慢性疾病患者，可就近以當地藥局為核心提供諮詢與服務，免於舟車勞頓的前往遠端醫院就診，會是提振社會醫療的解藥之一。

在社會的角落裡，我們常會感受到有一群人忙忙碌碌，只是為了到醫院更換簡單的傷口敷料，一次僅僅需要不到十分鐘的更換，卻要花上病人與陪伴者幾近一個上午的時間……。另有一群人，不知身體有病，僅能留置在家中，直到病入膏肓才以救護車送至急診。這些例子不勝枚舉，從行政院衛生署所公布的資料中，台灣每年約有二千萬人次的傷口就診，包含手術後、剖腹生產後等等。也就是說，每一個台灣人，每年平均有一次因傷口就診，機率遠高於其他就診類別。從需求面來看，離院後的社區居家照護，仍以傷口照護為主要的重點。

看診時，如果有一人陪伴就醫，時間以五小時計算，因為到醫院的時間，還要經過掛號等等繁瑣手續，加起來台灣所需之社會機會成本相當於五萬人年*。以平均月薪四．五萬來算，乘以十二個月，社會所要付出的成本相當於二七〇億，耗費極高。若能發展成以藥局連

*計算人口生存時間長度的複合單位。一個人生存一年即為「一人年」。

鎖來進行服務，便可以減低如此昂貴的社會成本。而如何讓這種簡單的照護從醫院端走向居家端，以節省社會成本，藉由以人為本，心手相攜，擁抱最深層的關懷，開創一條醫療器材產業走向OBM（Original Brand Manufacture，自有品牌生產）的道路，並間接帶動相關居家醫療照護器材產業的發展，也是未來社區居家醫療照護最重要的工作。

社區藥局：居民的健康諮詢顧問

根據行政院衛生署的調查顯示，截至二〇一一年三月止，全國老人機構式醫療照護需求約有二萬三千人，而一九九九年僅有一四二四九人接受居家醫療照護服務，顯見機構式照顧目前仍未被大多數國人所接受，其中多數都是因為不夠方便，且對護理品質信心不足，不僅造成國家醫療資源的浪費，也間接造成社會成本的損失。

高齡化社會勢必將引領社區居家照護的殷切需求，社會也因銀髮族而改變，為及早因應老年化社會的未來需求，如臥病在床的老人照料、三高族群病人、中風病人、褥瘡的照護及造口病人的衛教等等，初期皆需要心理層面的療護，要持之以恆，便需要有一個穩定的、有品質的、專業的、以人為主的服務單位，社區連鎖藥局可以成為這個照護社區居民的服務據點，今年雅虎網站針對台灣地區最受信賴的職業進行調查，其中護理師及藥師分占第三名與第七名，可見藥師與護理師擔任社區關懷大使，是值得期待的。

相對地，台灣居家照護器材占醫療器材年產值之七十%，台灣前十大出口產品也以居家照護器材為主，包括代步車、隱形眼鏡、防褥瘡產品、血壓計、血糖儀、耳溫槍及傷口敷料等等，所以發展以藥局或醫材銷售業為核心之社區居家照護器材與服務產業，藉由心手相攜、付出關懷、將服務導入，可帶動國內居家醫療器材產品進入社區藥局通路，透過藥局的通路販售，以帶動其他相關產業的發展。

從行政院衛生署公布的傷口照護資料中，可探查桃園地區每十萬人之截肢率，為北台灣之冠，高雄地區的截肢率則冠於南台灣；且從就診率來分析，可以發現資源充足的城市就診率相對低，表示一級城市的周邊照護資源較為完整。截肢的大宗原因之一是糖尿病，台灣的截肢率更是日本的十倍，因此傷口照護將會是未來在醫療照護方面提供服務的重點所在。所以於年初即將桃園地區之傷口照護納入社區居家照護之經營區塊，並以桃園地區的大樹連鎖藥局為實施藥局，大樹連鎖藥局也在為期一年實施地方居家照護關懷的運作下，拓展為目前的十六個門市據點（原有十四個，因認為成效不錯而擴展為十六個）；高雄地區的新高橋藥局有九十家，目前還有兩百多家藥局有意願加入……顯示透過此社區居家醫療照護之營運以拓展藥業商機是可以預期的。

放眼老年居家醫療照護商機

顧名思義，離院後社區居家照護支援服務技術開發與應用，係著重於支援服務，透過結合該產業的各領域專家，包含廠商、照護人員、傷口造口失禁護理學會、學校教授，以堅實完整的產學研合作方式，協助處理社區的居家醫療照護問題。

居家醫療照護首要條件是方便，而之所以選擇藥局，正是因為藥局遍布於台灣各地，約有八千多家；藥局中有藥劑師、護理人員，可針對一般民眾較不清楚的醫療照護等問題，提供專業服務與專業諮詢，包括如何用藥、使用敷料與器材等。

人口老化所帶來的問題與商機，必須及早因應，金屬中心和傷口造口學會合作，期望對藥局人員進行常態性的訓練，透過給予藥局護理師專業的照護知識，教導民眾正確的創傷處理方法。例如，褥瘡可以及早就診、及早預防，避免傷口越來越嚴重，甚至不可醫治時，必須付出更高的社會成本。此服務重點不只是因應老化人口，也是因應社區中所有需要被照顧的人，結合學校、法人、學會等，形成一條完整連結的服務鏈，提供社區居民可近性的良好照顧方式。

因此，這個醫療照護的創新方法就是由需求端去探討產業發展的未來利基，目的在創造一個新的產業、新的價值，例如把護理學會之專業技能帶到藥局來服務社區居民，目前就是一塊全新的市場。

從產業面來看，國內的藥局近幾年已相當成熟，如無法創新必定會被淘汰；因此在選擇藥局時，著重在意願與企圖心，藥局須具備想要創新的決心，藥局本身也認為它的加入會對其未來營運增加發展性。

大樹連鎖社區藥局是桃園地區的龍頭，和高雄的新高橋藥局都屬於社區性的藥局；成立至今，營運成績不俗，也都看好居家照護的市場。雖然目前很多藥局都保持觀望態度，如果現在加入的藥局能做出成效來，相對地就能帶動其他藥局的加入。

從 OEM 走向 OBM 的醫材產業

國內藥局產業的發展已臻成熟飽和，倘若無法提供更好的服務並推陳出新因應變化，就會面臨被淘汰的窘境。例如大樹連鎖藥局，每年不含處方箋的營業額計有新台幣十億，門市銷售的衛材占三分之一，除此之外還有保健食品、藥品等，而傷口的照護不只需要敷料，在食品中也需要添加相關營養補充劑。

從上述說明，鏈結廠商、學校、法人、學會等與連鎖藥局合作的同時，我們也在思索台灣醫療器材產業的未來。自民國八十八年開始執行醫療器材產業 GMP（Good Manufacturing Practice，良好作業規範）管理，迄今已十三年了，產業也走到了瓶頸——如何從 OEM（Original

Equipment Manufacturer，代工製造生產）走向 OBM（自有品牌生產），而要自創品牌需要一個強而有力的通路與自製的能力，產品線才會擴大。

台灣的醫療器材產業要從 OEM 走向 OBM，首先須發展出一個介面，能夠跨越、克服醫療器材和醫療照護兩者之間的鴻溝。

國人發展醫療器材倘若強調走醫院通路，因醫生使用器材的習慣與大藥廠關係緊密，台灣廠商要切入所面臨的挑戰相形更大；但在藥局通路就容易布局自創品牌之路。居家醫療用品，只要產品品質好，產品價格具有競爭力，就可以主導這個市場。透過服務模式推動，亦可促使國內自有品牌商品與國外產品相抗衡；同時讓國內消費者有平價且質優的選擇空間，以較低廉的價格，享受同樣優良的商品。因為民眾的使用習慣是靠口碑，透過病友的口碑，以及藥局的良好服務，小醫材廠也能漸漸匯聚成一個被民眾接受的品牌。

隨著商品經濟的深化發展，行業競爭越演越烈，企業對競爭戰略的需求已經達到不可或缺的地步。在眾多戰略中，差異化戰略是企業獲取核心競爭力的一種重要的戰略選擇。

而推行社區居家自主照護觀念，正是建立恰當的差異化手段，透過社區連鎖藥局服務，延伸服務加值，能夠直接提供社區居民諮詢與服務，可以節省傷患及其家屬往返醫院的時間與金錢，本工作強調將台灣製造的居家醫療器材例如保健食品、復健輔具等，導入連鎖藥局直接銷售，既是MIT產品，且直接鋪貨到藥局，在節省通路成本的前提下，自然較國外進口的便宜，競爭性相對也高：未來，更希望能以此營運模式擴展到華人地區一級城市等區塊，由居家醫療照護的創新模式帶動醫療器材產業的發展，是相輔相成，值得推展的。

由社區出發的大同世界

與民眾緊密結合的社區泛指藥局附近的區域，範圍並無嚴格的限制，以台灣交通便捷的情形粗估，藥局的服務應可達到五公里以內。未來藥局也會與居家護理所連結，以因應行動不便之獨居老人的照護，藥局可定期派居家護理所到家訪視、服務，也可定期去提供餐點。這些服務均是現代社會中被迫切需要的，可讓在外工作的子女安心工作。

希望透過藥局系統，吸引相關產業的同業加入，能夠連結帶動醫療器材、輔具、保健食品、送餐、社區服務的發展。

而更深層意涵與理想架構則是禮運大同篇的「久鰥寡孤獨、廢疾者，皆有所養」，以及中國人傳統「老吾老，以及人之老」的觀念，「透過人跟人之間的緊密關係，如鄰里關係、守望相助，社區居家醫療照護才能完美運作，也才能順利帶動相關產業，創造利潤與價值。」

本章附錄

顛覆常識的創傷治療：不消毒、用水洗、蓋敷料

產業的發展需要使用端的意見，然而，目前國人仍習慣到醫院去，也信賴醫生護士為他們敷藥，這一習慣與觀念的改變與否，也將影響居家醫療產業能否長足發展，因此，專業知識的培訓成了居家醫療照護創新服務模式的重要關鍵之一。

以前文中所提到的大樹連鎖藥局為例，除了聘請藥師之外，也有護理師；藥師說明藥物的使用情形，護理師則教導民眾如何使用器材。雖然護理法限制護理師不能在藥局幫病人敷藥，但透過專業知識的教學和道具的示範，護理師即可指導病人自行敷藥。為此，金屬中心二〇一一年到日本拜訪東鷲宮病院水原章浩副院長，學習濕潤療創

傷口照護方法。水原老師在日本執行傷口照護有二十多年的經驗，目前也被日本厚生勞動省委託執行社區傷口照護的計畫，並已開辦了四十場的訓練課程。

金屬中心之後特地邀請水原老師來台講解正確傷口照護方法，分別於台北、台中及高雄等地，進行四場傷口照護實證演講，共計培訓了六百多位護理人員，以下是水原老師的演講內容：

至今為止的傷口常識是錯誤的

「在傷口上消毒，蓋上紗布，過陣子就會結痂治好」，還有「傷口不能弄濕」，以上是目前一般人對傷口處理的常識。

理由是傷口如果沒有消毒就會感染，所以要好好蓋上紗布，然後為了可以早點結痂，所以「保持乾爽地治療傷口」，如果碰到水的話，細菌就會侵入感染，所以傷口不能弄濕。

但是最新的醫學研究結果發現，消毒、蓋紗布、不能弄濕傷口等常識全都是錯的。

革命性的「創傷治療三原則」

在我服務的東鷲宮病院，處理傷口時完全不塗抹消毒液，也不蓋紗布，而是遵照以下的三原則進行處理。

其一，「傷口不消毒」。

其二，「傷口用自來水清洗」。

其三，「為了不讓傷口乾掉，覆蓋上保濕性的敷料」。

一聽到「傷口不消毒」，這時聽眾席會發出驚訝的聲音。

因為覺得「傷口不消毒的話，如果細菌跑進去會化膿不是嗎？」

那麼，不消毒的話該怎麼辦呢？就是「用自來水清洗」。

這時，又是一陣驚訝聲！

「用自來水洗傷口好嗎？」

「自來水不是不乾淨嗎？」

然後再補上一句：「為了不讓傷口乾掉，在上面蓋上敷料。」

又是一陣驚訝聲！

「傷口治療不是要保持乾爽然後等待結痂嗎？」

大家對此會這麼驚訝，是因為至今為止的知識已經完全根深柢固的關係。

現在要告訴大家的，就是這種「完全顛覆常識」的做法。

為什麼不能消毒？

當強而有力如冑甲般包覆我們身體的皮膚遭到破壞，就是所謂的受傷。細菌就是從這個傷口進入我們的體內。

這時，為了消滅細菌，通常會在傷口上拚命塗抹消毒藥水。這也是為什麼醫院在處理傷口時會塗上消毒藥水，抹上加了抗生素的軟膏，再蓋上含有抗生物質紗布的原因。

話說對抗侵入體內細菌的戰士是白血球與所謂的巨噬細胞，當細菌從傷口進入體內時，這些戰士們就會大舉集結，進入防衛戰鬥體系。

但是這些戰士們對消毒藥水並不具有抵抗力，受到這些消毒藥的重大打擊，幾乎全部被殲滅。

相對地，躲在毛孔與皮膚細縫的細菌卻對消毒藥抵抗強，即使受到小小的打擊也會開始侵入。

要和細菌打仗的戰士們因為消毒藥而受到障礙，變得無法防衛，細菌會勝利是理所當然的。

也就是說，在傷口上塗消毒藥反而讓細菌更活躍。

另外，製造修復受傷身體細胞的建築師是所謂「纖維芽細胞」及

「上皮細胞」等，這些細胞也是對消毒藥沒抵抗力，同樣會受到重大打擊。

與細菌打仗的戰士也被打敗，修復身體的建築師也被打敗，當然傷口就治不好。

從以上看來，在傷口上塗消毒藥這件事，反而是讓傷口不能治癒的做法。

傷口用自來水清洗

如果傷口不消毒，那該怎麼辦？其實沖洗就好了。

至於該怎麼做，就是用自來水沖洗傷口，將附在傷口上的髒物及壞死組織等洗掉＊。

細菌侵入體內要產生感染，所謂感染就是每一克組織有十萬個細菌。因此只要將這些細菌的數量減少，身體內的戰士就會幫我們把細菌擊退。為了減少細菌數量，需要清洗傷口。

或許大家會有「用自來水洗沒關係嗎？」「自來水不會髒嗎？」的疑問。

可是，自來水直接就可以喝，而且在游泳池也可拿來洗眼睛不是嗎？

此外，也有許多研究顯示用自來水洗傷口是沒有問題的。

不要讓傷口乾爽

用自來水洗淨後，為了不讓傷口乾掉，必須蓋上敷料。

不能讓傷口乾的這件事，從細胞的培養實驗思考的話就能夠馬上理解。

*日本的自來水是可以生飲的，台灣的自來水須煮沸後才能用來清洗傷口。

請想一下，在培養細胞的時候，是不是將濕潤的瓊脂*放進培養皿中，而且絕對不能讓它乾燥或是變硬。

傷口就是要讓細胞增殖來治療的。說明白一點就是跟培養細胞完全一樣。事實上從創傷口流出的滲出液中包含了細胞激素等促進細胞再生的物質。對細胞而言，就是培養液，因此要增加細胞讓傷口早點治好的話，需要這些滲出液所構成的濕潤環境，所以絕對不能讓傷口乾掉。

這跟目前「保持傷口乾爽然後結痂治療」的常識完全不同。

傷口不能蓋紗布

傷口上如果蓋上紗布的話會怎樣呢？

紗布會吸收水分使之蒸發到大氣中。這樣傷口就會變得乾乾的。然後當把乾乾硬硬的紗布撕下時，好不容易生長出來的上皮細胞也一起被撕掉了。而且這些做法就關連到患者的疼痛了。

所以可以知道，像這樣在傷口上蓋紗布，不僅延遲傷口的治療，也造成患者的痛苦。

對傷口而言，恐怖的惡行就是紗布了。

「不消毒，不蓋紗布」現階段的問題點

醫院中如果有創傷的病人，他們大都會說「我來消毒的」。診治外來病患的醫生也會說「明天再過來消毒」吧。但是我不會說「請過來消毒」，而會說「在家裡好好的把傷口洗乾淨，檢查不要讓傷口乾掉」。

因為患者「傷口要消毒」的概念已經完全根深柢固，所以需要好

*培養微生物所需的材料，通常由洋菜或石花菜等製成。

好地教導啟蒙。因此我會將濕潤療創方法的原理說明清楚。

對醫療機構服務人員說明，是件更辛苦的事。因為醫生比患者抱有「傷口要消毒」的概念更加根深柢固。

所以就會發生某日採用了自來水清洗的濕潤療法，但是隔天又塗上碘酒，蓋上紗布的矛盾情形。

對患者而言這是件很可怕的事。

因此，一家醫院，在同一病科內絕對需要以統一的作法進行治療，但是通常以自己意見為主的醫生，很難因此改變作法。

所以要持續這個正確的治療方法，需要歸納醫生們的意見，也就是說要「洗腦」（笑），然後需要付出相當努力，彙整統一的見解及治療方法。

今後，會更困難的也是在這個地方。

但是到目前為止，針對化膿的例子，就算使用消毒、蓋紗布的方法，也很難治癒，那位醫生又會怎麼說呢？大概他會改變態度說：「至今為止的治療，有時候也會發生這樣的事情吧。」

世上有許多所謂的「常識」。但是透過上述傷口治療的說明便可以知道，在這些常識當中，也有錯誤的常識。我們從事醫療工作的人，說不定就是那些會被這些常識綁住的人。

從前即使在學會發表「傷口不消毒」的論點，也常遭到很多半信半疑的目光。我覺得，反而是外行的一般民眾，其思考會比從事醫療工作的人更來得有彈性。

※

透過水原老師來台訓練，培育種子師資後，再去擴張，「合作的藥局每個月都會對藥師、護理師進行教育訓練，由醫療器材廠商進行產品介紹，由專業護理人員做照護訓練、示範，導入到第一線的藥局人員，學習向民眾說明的技巧。」

未來，居家醫療照護可從傷口照護拓展至中風病人、造口病人、三高族群、癌症等的照護。中風病人需要復健的輔具，造口病人如大腸癌病人，切除直腸後需安裝人工肛門，裝上去可能就是一輩子，如何照顧、協助造口病人，讓他們的生活跟一般人一樣，這樣的服務具有很大的社會意義。

V

銀髮住宅大改造

◆

曾思瑜

前言

從一九九三年九月起我國老人人口比率達到七％開始邁入高齡化社會的行列，到二〇一一年底台灣六十五歲以上人口達二五〇萬以上，高齡化比率更快速地突破一〇・八％（行政院，二〇一二），推估每十位老人就有一位是失能者。一九五〇年代時人口的平均壽命男性五三・一歲、女性五五・七歲，當時的人生生涯規劃可謂是「人生五十年」。而由於醫療科技的進步及整體生活水準的提升，台灣人口的平均壽命也從一九八〇年代男性六九・六歲、女性七四・五歲，逐漸轉換到二〇〇〇年代男性七二・六歲、女性七八・三歲，西元二〇一〇年更達到男性七六・一歲、女性八二・七歲（表一），故未來國人人生生涯規劃的思維必須從「人生五十年」轉換成「人生八十年」。

表一　國人平均壽命的變遷

年代	男（歲）	女（歲）
一九五〇年	五三・〇五	五五・六九
一九六〇年	六二・三一	六六・四〇
一九七〇年	六六・六六	七一・五六
一九八〇年	六九・五六	七四・五四
一九九〇年	七一・三三	七六・七五
二〇〇〇年	七二・六三	七八・三〇
二〇一〇年	七六・一〇	八二・七〇

若粗略估計從五十歲開始逐步邁向老年，則每人平均還有二、三十年以上的時間要度過。而住宅是生活的容器，也是生活的最大「輔具」，人類每天的生活離不開住宅空間與設備。故本文在此分別從一般居家高齡者住宅及集合式高齡者住宅的角度，論述說明如何規劃設計「安全舒適的老年居住空間」。

一般居家高齡者住宅

高齡者對現有住宅的評價

一般住宅樣式可以分為主要以水平方向發展的街屋、平房、三間起、五間起、三合院、四合院等傳統式；及主要以垂直方向發展的獨門獨戶住宅、販厝、五樓以下無電梯公寓、五樓以上有電梯公寓・大廈等現代式住宅。

對現有住宅的滿意度

筆者曾對中南部的高齡者進行抽樣問卷調查，要求高齡者從不同住宅型態的立場對現有的居住環境加以評估，結果顯示出高齡者對現代式住宅的滿意程度較高。調查結果如下：

．不滿意的地方：「浴室、廁所使用不便」、「居住空間狹窄」、「日照不良．通風不佳」。

．日常生活中比較危險的地方：門檻（高低差）廚房、浴室三個地方。

．最希望改善的場所：浴室、廁所、廚房、寢室、門檻。

相對的，以垂直方向發展的獨門獨戶住宅、販厝、五樓以下無電梯公寓、五樓以上有電梯公寓、大廈等現代式住宅：

．不滿意的地方：「浴室、廁所使用不便」、「居住空間狹窄」、「日照不良．通風不佳」。

．日常生活中比較危險的地方：門檻（高低差）廚房、浴室三個地方。

．最希望改善的場所：浴室、廁所、廚房、寢室、門檻。

優質老後生活及住宅的規劃與考量

您什麼時候覺得身體機能開始老化？您規劃什麼時候要開始過老後生活？您要怎樣的老後生活型態？這些都和老後生活及住宅的規劃有關。社會學上有 Quality of Life（簡稱 QOL）也就是「生活品質」的專有名詞，筆者認為，老後要過有品質的生活並不是一種偶然或意外，而是必須經過事先規劃和設計。

「優質老齡生活」條件包括生活、社交軟體層面與硬體住宅空間層面的考量與規劃，而且並不是到六十歲面臨退休時才開始思考這些問題，建議在四十至五十歲之間，已經經過一些大風大浪的人生考驗，精神智慧成熟，也累積部分經濟基礎時即開始著手籌劃比較理想。

一、社交休閒及照護方面的規劃

關於理想優質高齡退休生活軟體層面的規劃，筆者認為首先必須「當你自己」（be yourself），並反問自己：「我想過怎樣的退休生活？」這一階段建議仔細分析回顧自己的生活經驗及歷史，檢視退休後自己想過的生活型態、生活方式、人際關係網絡等條件，再做一個忠於自己的明確抉擇。

1．居住型態

每一個人的人格特質與適性不同，有人喜歡簡單寧靜的生活，有人喜歡含飴弄孫、繁華熱鬧的生活。若居住型態是夫婦與未成年子女或夫婦與成年子女的家庭等所謂「兩代或多代同堂」時，優點為平日就與兒女孫媳生活在一起，互動交流比較容易，萬一需要他人協助時也較容易彼此幫忙，缺點是不同世代間的生活型態及事情處理意見等的不同，容易造成彼此間的糾紛與摩擦。

若居住型態是單人獨居或只有夫婦兩人同住時，優點是能依自己喜歡的方式過生活，較無兒女孫子輩等家庭雜事干擾，缺點是萬一有緊急意外事件，或需要支援時則較無人手，可能必須仰賴鄰居朋友或社會性的支援。

2．考量身心機能退化狀況與需求

人類的生命週期（Life Span）大概可以分為成長期（出生後一直到二十歲左右）、健康自立期（二十歲左右到四、五十歲左右）、部分障礙期（五十歲到六、七十五歲左右）、臥病在床期（六、七十五歲左右）四個階段（參 p.210 圖一）。

每個人依照遺傳基因、體質、壓力．生活型態、營養狀況、運動狀況等條件差異，四個階段所處的時間長短不同。考量自己的身心機能退化狀況與可能需要社會支援、照護與醫療等條件，再選擇居住地點和居住型態，才能確保退休後具有優良品質的生活。

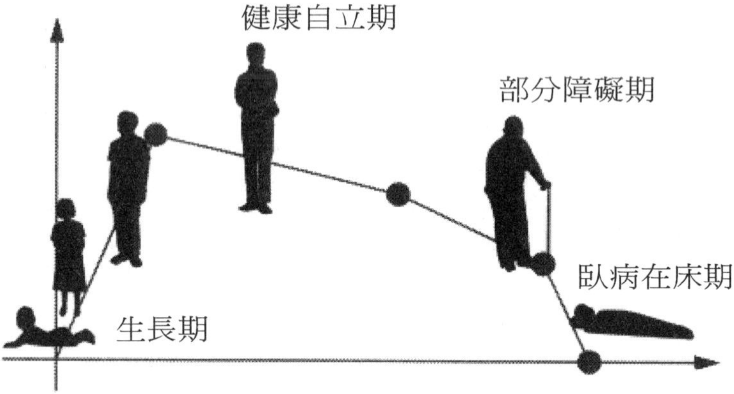

圖一　人類四階段生命週期的概念

3．居住地點與區位

居住地點會因選擇在都市、郊區或鄉村地區等不同，除了對土地、住宅、生活物價等基本經濟費用造成影響外，還會衝擊到外出購物、交通條件、休閒娛樂、社交互動、醫療照護服務等鄰近資源取得的便利性。尤其是退休後，人難免有些疾病治療或醫療保健的需求，故必須考量居住地點到自己信賴之醫療院所的交通條件，以及子女親戚等探視往來照顧的方便性。

另外，人是社會的動物，子女、親戚、朋友等人際關係的互動交流是支援退休後「優質生活」重要因素之一，因此居住地點是否仍能維持個人生活的繼續性（Life Continuity）、個人的興趣與喜好、從事的休閒娛樂型態、經常互動熟悉的社交人脈網絡等也都必須納入考量範圍。

住宅及居住空間方面的考量

一、優質老年住宅的設計要點與注意事項

筆者認為因應未來身心機能老化的需求，有五點優質老年住宅在設計與設計階段需要納入考量的事項：1．考慮水平移動的方便性；2．考慮上下垂直移動的方便性；3．注重日常生活動作操作的方便性；4．注重器具及設備操作的方便性；5．考慮緊急意外事故的因應及避免。

1．水平移動的方便性：

指住宅空間地板鋪面應儘量平坦消除高低差、安全防滑、確保足夠的出入口或門寬、走道設置扶手等考量。

2．上下垂直移動的方便性：

指在不同樓層間的連結如樓梯形狀、電梯內部空間、樓梯、廁

3．日常生活動作操作的方便性：

指寢室、廁所、浴室、走道等，確保足夠的照護空間與輪椅迴轉寬度（直徑一五〇公分）。

4．建材、器具及設備操作的方便性：

指採用方便高齡者操作的門、門把、水龍頭、開關等考量。

5．緊急意外事故的因應及避免：

指寢室、廁所、浴室設置緊急通報按鈴，廚房裝設火災警報器，保持適當的照明環境，選用具防滑效果的地板材質、裝設扶手以避免跌倒或摔落等意外事故發生之考量。

二、優質高齡住宅內部空間必須具備的條件

1．入口玄關：

確保未來若有需要時可以從戶外乘坐輪椅進入的寬度，廊道的淨寬度需在九十公分以上，一樓地面層儘量平坦無高低差，若有高低差時則須設置坡度在高度與距離比為一：十二（八．三％）以下的斜坡道。

2．高低差：

寢室、廁所、浴室、生活起居室、廚房、餐廳等空間儘量和出入口玄關設置在同一樓層，並且避免各空間移動動線間有高低差的產生，若無法避免則必須變更顏色或採用不同材質明顯標示。

3．通道、門：

室內通往主要房間的動線及走道淨寬度需在九十公分以上，確保門在開啟或關閉時有足夠的空間。

4．廁所、浴室、盥洗室：

廁所內的馬桶、洗臉台及浴室內的浴缸等設備的配置方式，必須確保足夠的面積及寬廣度，考量預留未來需乘坐輪椅進行日常刷牙、盥洗、清潔時的迴轉空間（直徑一五〇公分），或需他人協助盥洗、排泄、洗澡時的照護空間。

5．寢室：

在床鋪的周邊必須確保整理床鋪的空間，事先預留放置便盆椅、輪椅和床鋪間的移位、他人協助日常生活動作或進行照護行為等的活動空間。

6．廚房、餐廳、客廳：

廚房內流理台等廚具儘量配置成L型或U型以縮短移動動線，調理空間需預留能讓輪椅迴轉且活動的空間，若能將廚房、餐廳、客廳安排在同一開放的大空間則能將移動動線單純化。

老年人住居規劃與設計之建議

1．考慮高齡者避免跌倒及爬樓梯上下負擔的居家安全性、家屬照顧聯繫的方便性等因素，在住宅內應減少各居住單元的垂直分散度，儘量不要將寢室、廚房、餐廳、客廳等日常生活空間單元分散在兩個以上不同的樓層。

2．在空間配置上避免廁所與高齡者寢室分離，儘量將廁所設置在住宅內或老人寢室中，以減少高齡者夜間使用廁所的不便及降低意外事故發生的機率。

3．衛浴空間配置需考慮將來身心機能老化需拿枴杖或坐輪椅之需求，預留適當的空間大小，以因應將來彈性變動的可能性。

4．同時考慮安全問題，地板鋪面應採防滑性及防水性能較佳的材料。

5．避免爬樓梯上下負擔，最好於地面層配置預留將來高齡者寢室及浴室、廁所、餐廳、客廳等日常生活起居必要的空間。

6．居住空間不可避免必須做垂直分層的住宅，宜考慮設置電梯為主要的垂直交通工具，樓梯則為居於輔助備用地位。

7．樓梯兩側均需裝設扶手，同一樓梯的梯高及梯深尺寸需保持一致，理想梯高約為十六到十八公分，梯深應介於廿七到三十五公分之間，採用不易滑倒之材料，各階前端最好有飾條或以顏色來強調各階間之轉換。

8．臥室宜設置在進出容易與家人交流團聚方便的位置；在面積大小上應將照顧空間納入考慮；同時也需考慮衣櫥、醫藥用品、復健器具等其他附屬設備的置放空間。

9．對外移動通道必須注意高低差的解除、確保輪椅能通過寬度及將來加裝扶手的需求。

無障礙住宅的基本條件

1.．大門入口處需讓乘坐或使用輪椅的人能方便出入，這樣既方便自己也方便別人。

2.．在大門出入口同樓層，設置日常生活上必需的空間，如寢室、廁所、浴室、廚房、生活起居室等，高齡者寢室需與廁所、浴室連結且能直接出入。

3.．在前述各空間中，門與走廊的寬度要比平常寬，同時必須平坦無高低差，以方便輪椅能自由於各空間中移動，特別是廚房、廁所及浴室等重要場所必須達到此標準。

4.．善用科技輔具（Technical Aids）及設備，盥洗、排泄、洗澡等讓日常瑣事儘量能獨立自主並維持個人尊嚴。

5.．將扶手、斜坡道、電動吊梯，及走廊寬度、浴廁、廚房、主臥室配置等老後需求和生活空間考量等巧妙地融入設計中。

基地及空間配置特徵

這棟適合銀髮族老後居住的無障礙住宅其位置是在日本茨城縣神栖市息栖一〇九－一〇號，基地為每邊二十公尺的方形，面積為一百二十坪（參 p.220 圖二）。

為使老後生活能愉快，希望建造一個「朋友能樂於前來拜訪，大家能夠快樂居住的家」。一樓全部使用拉門，即使乘坐輪椅也能方便進出，從大門入口到門廳、從門廳到各房間完全平坦無高低差（參 p.221 圖三），且儘量連續設置扶手，儘可能量達到無障礙化的設計。

並將可以直接出入衛浴空間的主臥房，及日常生活所必需的各房

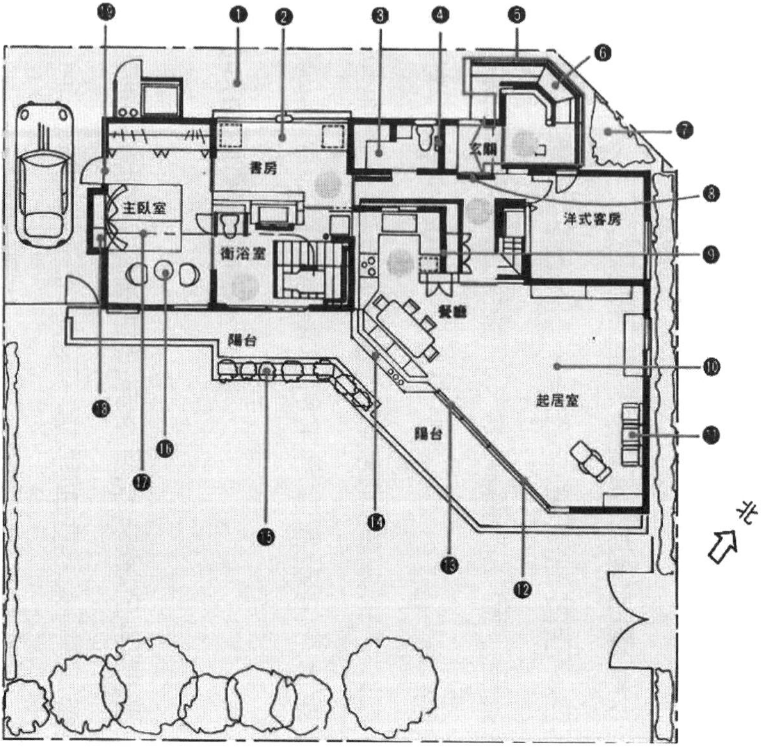

圖二　一樓平面圖

圖三　大門入口的無障礙坡道（林玉子／提供）
圖四　空間寬敞、穿透性佳的生活起居室（林玉子／提供）

間如廚房、廁所、浴室等和出入所必經的門廳配置在同一平面上。且考慮年老的父母及使用輪椅朋友的方便，一樓除了主臥房外，再多準備一間客房，而身心健康的朋友使用的客房則設在二樓的和室。

空間寬敞的生活起居室

為方便輪椅使用者在各空間中能自由移動，廚房、餐廳、生活起居室連續的開放空間設計，生活起居室面積達廿五平方公尺以上，並以屋頂挑空設計手法，讓天花板較高，讓生活起居具備寬敞且穿透佳的空間感是親友經常歡聚的場所（參p.221 圖四）。並將衛浴空間和餐廳兩處空間均配置在面向南方的位置，隨時可以觀賞到屋外四季生動豐富的自然景觀變化。

站坐皆能調理食物的廚房空間

廚具設備配置成「U」型（參p.224圖五），中間確保了容許輪椅一百八十度迴轉的直徑一五〇公分空間，調理台及洗滌槽作業面的高度，配合身高使站立著也能方便作業，高度設定為八十公分。為能輕易地進行切、剁、攪拌等動作，在左右兩邊特別設計兩個五十公分高、可自由抽出使用的調理板。為考慮坐在輪椅上也能方便作業，洗滌槽下方的儲藏櫃事先預留放置雙膝的空間，特別將調理台及洗滌槽下方設計成往內縮。

暗藏玄機的主臥室——電動吊梯

主臥室是老後生活的重心，應該儘量確保寬敞的空間，健康時期可當成休閒區，方便朋友來訪時可以在旁邊擺放桌椅聊天，日後有需

圖五　採 U 型配置的廚房（林玉子／提供）
圖六　預留電動吊梯軌道（林玉子／提供）

要時則可轉換成照護空間。預先將電動吊梯的行走導軌埋藏在主臥室的天花板裡，當電動吊梯不使用時則可以收藏放在主臥室床上方的儲藏櫃中（參p.224圖六），平日從天花板外觀不會太引人注目，只能看到細細的軌道痕。

乘坐輪椅也方便使用的衛浴空間

主臥室與衛浴空間裝設輕巧的拉門，開口寬廣，地面平坦無高低差。而衛浴空間的天花板則開天窗導入明亮光線，並與主臥室直接連結，能從書房及主臥室直接出入，事先預留電動吊梯的軌道，即使身心機能衰退到臥病在床時，只要具備手指操作按鈕的能力，也能輕易地從床上移位到馬桶、洗臉台或浴缸（參p.226圖七）。裝設扶手的溫水自動沖洗馬桶及台面長達一五〇公分洗臉、洗髮用的化妝台，方便乘坐輪椅者使用，地板則使用不易滑倒的瓷磚。

圖七　光線明亮的衛浴空間（林玉子／提供）

長達一四〇公分的氣泡式按摩浴缸水平及垂直方向都裝設扶手，方便從左右兩邊出入，並在兩側設置木條坐椅，在身體不方便或衰退時也能慢慢移位到浴缸。

日本東京都瓦斯之兩代同堂示範住宅案例

這棟兩代同堂概念住宅是由日本東京都瓦斯株式會社針對高齡化需求所提案（參p.229圖八、圖九），建築的基本設計是建築師阿部勤的作品，平面配置方面則由老年生活環境研究學者林玉子所指導完成，並將其具體化興建為「都市型兩代同堂住宅」形式，建築面積為二五四平方公尺（約七十七坪），位置在東京都荒川區南千住三－一三－一，距離JR常磐線南千住車站走路約十二分鐘處。

這棟兩代同堂概念住宅中融入無障礙設計的理念，因應隨著高齡化所引起的身心機能變化需求，平坦無高低差，走廊及出入口特別加寬，方便識別也易於操作。

空間構成

1．一樓空間

建築面積為一三三平方公尺（約四十坪），屬於年長父母親的居住樓層，所設定的居住對象為需使用輪椅生活和移動的高齡夫婦，以在設備及機能層面能安全，並滿足輪椅使用者的生活為基本需求，將減輕照護者的照護負擔列入重要考量，藉著夫婦兩人的協力合作，生活仍能獨立自主、每天有活力地過日子。

2．出入口玄關

一樓是老一代的居住樓層，屋外則有樓梯可通往二樓。大門採用稍微施力就能拉開的拉門，不會占用空間，乘坐輪椅時也方便進出。一進到屋內，是脫換鞋子的空間，體貼年老時無法久站或彎腰，設計

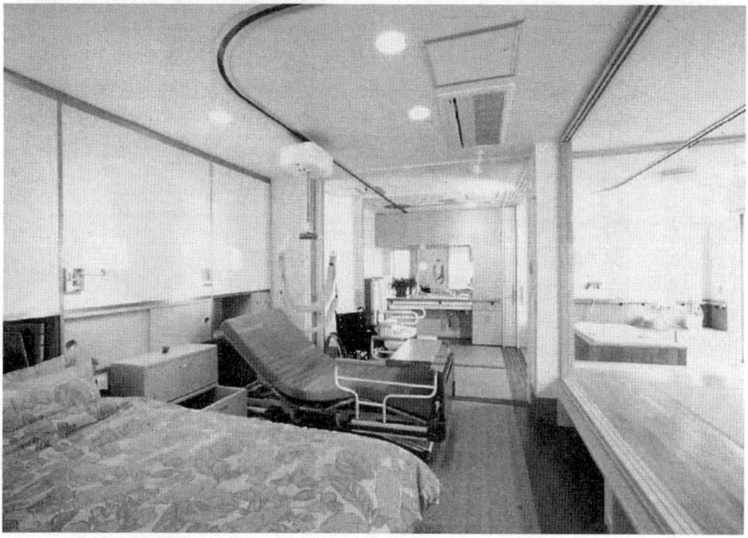

圖八　兩代同堂概念住宅外觀（曾思瑜／拍攝）
圖九　各空間以電動吊梯連結（林玉子／提供）

了可以坐著更換鞋子的迴轉椅和扶手。若是需要乘坐輪椅時，則有油壓式的高低差升降機，坐在輪椅上只要一個按鈕即能降低到地面或升高到和地板同高度，旁邊更設計置放室外輪椅的空間。

考量老年人筋骨肌肉老化，爬樓梯較辛苦費力，並解決需乘坐輪椅時垂直移動的問題，於是設置四人座的小型家用電梯，方便乘坐輪椅時也能很輕易地到達二樓空間，積極促進兩代間彼此溝通的情感。電梯內的操作盤及電話按鈕都加大設計，設置在乘坐輪椅方便操作的高度。

3．廚房、餐廳

將流理台、洗滌台、瓦斯爐等廚具及餐桌結合成一體，配置中央的開放式島型（island）工作台，可以彈性升降調整高度的人性化設計，只要往上或往下升降的按鈕，就能依照使用者的身高及實際狀況，調整到舒適的操作高度，方便站立和坐著進行各種日常調理動作，並可以在較小限制的移動範圍內即完成烹調及飲食的行為。

基於安全考量，採用爐火不會超過瓦斯爐口的設計，附自動熄火裝置。並考量乘坐輪椅時方便操作，設置面式設計的洗碗機及烘碗機，配置較大、方便握持的開關，較大且容易閱讀的文字標示。

4．日常生活起居室

臥房、和室型生活起居室、浴室、廁所等日常生活空間採穿透性高的大開放式設計，可依照實際需要加以彈性區隔。四個空間連結在一起，天花板埋設電動吊梯軌道，只要操作電動吊梯就能從床鋪自由移動到和室、浴室或廁所。

和室型生活起居室設定和輪椅一樣的高度（四十公分），非常輕鬆地即能從輪椅移坐到和室。

5．廁所、浴室

盥洗排泄空間採用附背墊加裝扶手的大型馬桶，方便輪椅乘坐者使用。洗澡浴缸只有一面與牆壁連接，對身心機能老化衰退，需要他人協助洗澡的高齡者來說，可以從其餘任何一個方向進入到浴缸，是非常體貼的設計，能實際減輕照顧者的負擔。

6．樓梯兩側裝設扶手

樓梯兩側裝設連續的木質扶手，握持感佳，階梯高度較緩，階梯踏面較寬，並採用讓老年人易於辨識階梯轉換的顏色。

7．二樓空間

建築面積一二一平方公尺（約三十七坪），屬於年輕一代的居住樓層，所設定的居住對象為六十歲左右、身體健康能獨立自主生活的夫婦，主要概念在舒適、安全的居住空間及設備，在設計上也處處用心，只要稍微簡單的改造修繕，即能因應未來老化的需求。

8．夫婦臥室旁設置廁所、浴室

考量夫婦兩人可能有不同的生活作息，個人翻身可能會干擾並影響彼此睡眠，故夫婦臥房採用兩張單人床，而非一張雙人大床。兩張單人床間有伸縮隔簾及獨立的燈具開關，必要時可以拉下拉簾，將寢室空間區隔成兩區。

夫婦臥室旁設置廁所，採拉門式設計可以從兩方向進入。夫婦臥房和廁所間的牆壁以簡單的修繕工程就可以拆除，可以彈性因應老年期需求。為方便進出浴缸，浴室內裝設方便水平及垂直移動的扶手，並配合浴室內浴缸的高度，設計可以彈性組合的三角形陶瓷椅，方便轉換身體角度進出浴缸。

9．可上下升降的廚具流理台、調理台

和一樓一樣，基於安全考量，採用爐火不會超過瓦斯爐口的設計。廚具流理台、調理台可以依照使用者的身高和人體尺寸，彈性升降調整高度。流理台下方設計成內凹，餐桌高度考量輪椅乘坐者的需求，將來只要進行簡單的修繕工程，就能因應乘坐輪椅時的需求。

集合式高齡者住宅

高齡者住宅的建構原則

一九九一年聯合國總會通過「聯合國老人政策綱領」並提出實踐高齡者福利的五大原則：獨立自主（independence）、社會參與（participation）、照護（care）、自我實現（self-fulfillment）、生活尊嚴（dignity），以建構適合高齡者生活的社會。

高齡者住宅乃是因應時代需求所發展出來的一種集合高齡者共同居住的體系，為因應高齡者身心機能逐漸老化衰退的需求，並確保入居高齡者的生活品質（Quality of Life，簡稱 QOL）。高齡者住宅的建築物外觀造型及色彩應避免嚴肅制式化，儘量塑造溫馨、親切、像大家庭一般的意象。此外，為圖土地的有效運用，可連結鄰近的醫療或休閒娛樂設施，並且可與圖書館、學校、公園、社區活動中心等其他公共設施合併設置在一起，讓入居的高齡者和社區居民有更多的互動機會，朝向明朗、開放的方向發展。

因為老年人很難適應新環境的變化，入居人數及規模須避免太大，否則將會增加入居高齡者身心及生活適應上的困難，同時，為了減少團體生活的壓力及增加入居者間互動及交流的機會，高齡者住宅建議以十到二十人之適當規模為一生活單元，二到三個生活單元結合成一個生活區，各生活區規劃設計寢室區、餐廳、交誼空間，並設置服務台提供各種諮詢及生活服務。在進行高齡者住宅之規劃設計時，建議應注意以下幾項建構原則：

1．為確保老年人居住安全，避免意外事故的發生，設施內部應達到無障礙環境的要求，並符合消防安全設備、防火管理等法令規定。

2．為因應身心機能逐漸老化衰退的需求，在空間、設備及器具上應考量老年人使用及操作上的便利性。

3．考量減少照護負擔，鼓勵老人殘存力量之活用，空間、設備環境方面應儘量提升老人日常生活動作的獨立自主能力。

4．在生活空間方面應儘量導入技術性輔助器具及設備，以提升老人日常生活動作的獨立自主能力及減少照護人員的負擔。

5．在高齡者住宅中團體生活，常會有缺乏個人隱私的問題發生，故在整體空間規劃設計上為了確保個人私密性，應明確劃分空間的屬性（如公共空間、半公共空間、半私密空間、私密空間）。

設置區位與規模

依照國內高齡者住宅設立地點的條件大概可以分為都會中心型、大都市近郊型、休閒／風景觀光地型、地方都市型等四種類型。休閒／風景觀光地型所抱持之構想，是能在風景優美的環境中平靜地度過老後生活；而隨著高齡者教育水準的提高及各項需求的多樣化，就業環境和文化休閒活動參與機會的提供，充實和家人、朋友等的接觸機會，也成為老後生活的重要條件，因此，出現大都市近郊型的設施。而將上述想法更徹底地執行則為都會中心型設施。另外，為避免設施集中設置在某些區域，造成入居者遠離自己原有熟悉的生活環境，也有地方都市型設施之建造。

一般來說，都會中心型和大都市近郊型設施擁有交通便利的優點，但因地價高昂，有土地取得困難、入居保證金和管理費用等較昂貴的問題。而地方都市型設施雖入居費用較便宜，卻因交通不方便、社會活動參與不方便，而有不易賣出的問題點存在。是故，高齡者住宅應設置在交通便利、能提供多樣社交機會及多種運動設施、維持體力的地方。

高齡者住宅意象

由入居者的生活型態和經濟負擔能力兩個軸來區分，可以整理出圖一的設施意象概念圖。縱軸左欄主要著眼於入居者的健康狀況，而用繼續工作、休閒活動、醫療、照護服務等入居需求為指標；縱軸右欄則為設施所必須具備的機能及屬性，身體機能由健康到老化，對設施機能要求的重點也逐漸由交通便利、生活便利轉換到健康管理的層

圖一 入居者意象和設施意象

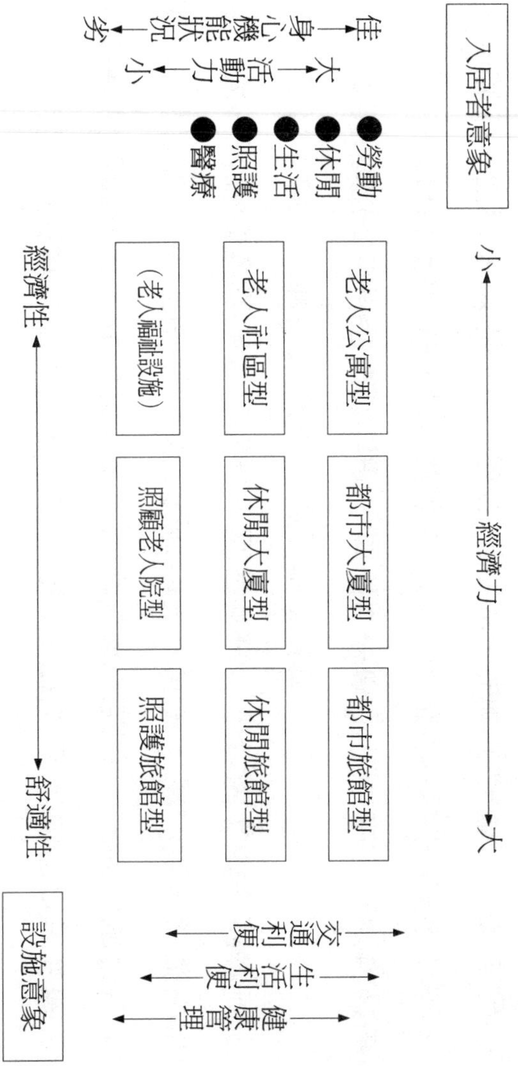

次。橫軸上欄表示入居者的經濟水準高低；下欄則為設施所提供的品質要求是趨向經濟性或以追求舒適性為導向。

由此縱橫兩軸各三水準的矩陣交錯後可組構成九種的設施類型，身體機能尚健康的入居者的需求，考慮經濟負擔能力由低到高的消費層次，設施形象分別可設定成高齡者公寓、都市大廈、都市旅館等型態。到了因應各種經濟負擔能力不同的需求，則有高齡者福祉設施、療養照護設施、療養旅館型等不同的設施意象。

有關高齡者住宅的建設計畫，首先在企畫階段要仔細勘察種種條件，將未來的設施意象具體地描繪出來。而設施建設預定地的立地、用地條件，和將來設施中入居對象的設定，是直接影響設施意象的兩個重要因素。

正確地將設施建設預定地的立地、用地條件，及土地所具有的潛在可能性分析、評估後，儘可能將在這地點上可能募集到的入居者想像圖加以明確化，以期能將入居者的需要（入居者的生活型態）、設施可能提供的服務（提供最低限必要的居住環境或是高級飯店舒適方便的服務）、建築計畫等三者整合在一起。

公共設施的計畫

高齡者住宅有別於一般住宅，並不只是住宅業或不動產業的定位，占更大比重的是「人對人服務業」之角色。故若單只是提供居住機能並無法滿足入居者的要求，健康管理、飲食服務、日常生活服務、社交休閒娛樂等四大服務，乃為高齡者住宅服務的重要支柱。在建築層面上，一般集合住宅共用部分的面積比約為十五％，參照日本標準，一般高齡者住宅則需達四十到四十五％的程度。共用設施可大分為服務部門、管理部門、其他等三類。

一、服務部門

1．生活服務用：餐廳、理、美容院、小商店、洗衣店、倉庫、郵件室。

2．休閒活動用：陶藝、木工等工作室、圖書室、視聽室、痲將間、撞球室、橋藝室。

3．溝通、協商用：會議室、宴會廳、茶館、會客室、客房。

4．保健醫療諮商用：服務櫃檯、診療室、靜養室。

二、管理部門

1．事務管理：旅館櫃檯、事務室、職員休息室、接待室、置物室、會議室。

2．廚房：食物調理室、食品庫。

3．設施管理：守衛室、機械室，防災、電梯管理室。

三、其他：廁所、門廊、走廊、樓梯、電梯間等。

公共設備的設置種類和內容、面積分配等，因與高齡者住宅的設施服務方針、外面其他設施的接近狀況相關連，各設施採取的對策各不相同。若是都心型的高齡者住宅，入居者從外面很容易取得多樣的休閒活動機會，因此，高齡者住宅可能就採取在設施空間內不設置這類設備的方針。此外，關於保健醫療和照護服務，若是高齡者住宅附近有合作的醫院，也會大大地減少設施內提供此類服務的可能性。

餐廳、小型廚房

飲食服務方面，餐廳的使用率和入居者的健康狀態、入居者中夫妻的比例等有重要的關連。而除了食物的內容之外，也不能忽視餐廳氣氛的塑造及服務品質的提供。此外為了確保食物選擇的多樣性，也可以考慮是否設置複數餐廳。

在高齡者住宅中，多數餐廳是供整個機構的入居者使用，但入居者不會全數在餐廳用餐，原則上，餐廳的座位數約占入居者總數的七成到九成。考慮將機構資源開放與社區共享，並促進入居者與社區居民交流互動，餐廳的位置應考慮無障礙環境之需求，儘量設置在一樓、景觀眺望良好且靠近高齡者住宅主要入口處，可開放給社區居民共同使用。老年人飲食喜好個別差異很大，餐飲內容服務上應確保食物選擇的多樣性，同時，也應從燈光照明、家具布置及空間裝潢上，儘量塑造愉悅的用餐氣氛。

老年人中常會有因宗教吃齋或煎藥或要加菜烹煮食物等因素，而必須自己開伙者，建議除了餐廳之設置外，需另外設置小型共同廚房，但考慮確保防火安全，加熱調理設備應儘量電氣化，並設置火災感應裝置。餐廳及小型廚房地板建議採用容易清洗之防滑材質。

文康休閒／交誼廳等公共空間

高齡者住宅並不是只提供居住機能即可，尚需提供各種生活關連服務，如餐廳、陶藝／木工工作室、圖書室、視聽室、交誼廳、體能訓練室、撞球室等休閒活動空間。也可設置戶外綠地、花圃，提供入居者散步或進行園藝療法之空間。抑或考慮結合社區鄰近公共設施的既有資源（如游泳池、槌球場等）或與長青學苑合併設置，一來可增加公共設施種類的多元化，二來可增加公共設施的使用率。文康休閒／交誼廳之公共空間，除了可讓老年人進行各種休閒娛樂活動及增加社交參與外，也可提供家屬親友來訪時使用。在建築層面，有關文康休閒活動的空間儘量規劃成多用途使用較理想。

關於休閒娛樂設備方面，雖然大家的需求並不高，但不可忽略高齡者對老後生活的嗜好與興趣多以旅行、讀書、園藝等個人活動居多。因此在建築層面，有關休閒娛樂活動的空間儘量規劃成多用途使用較理想，而餐廳、休閒／交誼廳的內部桌椅高度及排列方式，應考量使用輪椅等輔助器具之需求，地板採用容易清洗之防滑材質。

在高齡者住宅中，休閒／交誼廳多數以樓層或一到兩個生活區為單位設置。需清楚「動態活動需區」與「靜態活動區」，避免兩者活動互相干擾。因為老年人多數無法長時間或長距離行走，可利用過渡空間設置讓老年人短暫停留休息及進行社交的空間。為安全起見，休閒／交誼廳的地板採用容易清洗之防滑材質。此外，建議充分應用色彩計畫、圖畫裝飾、植栽景觀來轉換餐廳、休閒／交誼空間的氣氛並創造生機。

文康休閒／交誼廳之公共空間應設置在通風採光或景觀眺望良好的位置，面積大小以每人二平方公尺以上為原則，各寢室移動到餐廳、交誼廳的距離以不超過廿五公尺為宜。也可設置戶外綠地、花圃，提供入居者散步或進行園藝療法之空間。

走道空間

在設計上，走廊旁只有一邊是寢室的單邊走廊型通風採光較佳，兩旁是寢室的中間型走廊型光線不佳較陰暗，故必須改善走道空間的採光問題，加強照明需求，避免意外事故的發生。

考慮使用枴杖、助行器、步行器、輪椅、推床等各種輔助器具的方便性，機構內部走道空間的寬度應在一八〇公分以上，應裝設腳燈及夜間緊急照明。考量行走安全，消防設備避免突出，並儘量避免高低差，若有的話，需設坡道或變換顏色、加強照明以利於辨識。為鼓勵老年人多利用走道空間散步或走動，減緩身心機能老化衰退的速度，兩側應儘量連續不斷地設置扶手。選擇方便握持的材質，扶手的理想直徑為三十二至四十五公釐，設置高度為七十五至八十五公分，離牆約四到五公分之距離。

樓梯、電梯

考慮老年人使用輔助器具的需求，樓梯的寬度需在九十公分以上，兩側應裝設連續不斷的扶手，自起點及終點要水平延伸三十公分以上，高度在七十五到八十五公分。樓梯的坡度不可以太陡，梯深廿六到廿八公分，梯高十六到十八公分，梯級鼻端設置止滑條，梯面寬度保持一致。應利用色彩清楚分別梯級和梯級之轉換，並應裝設腳燈及夜間緊急照明。

考慮老年人身心機能老化之需求，電梯門廳應有可提供輪椅迴轉的等候空間，電梯門開閉時間也需比一般電梯長。電梯門寬在九十公分以上，內部應有容納輪椅迴轉的足夠空間，設置扶手及適合輪椅使用高度之操作面板。

空間標示及色彩計畫

為增加老年人對空間的認知及辨識性，避免老年人走錯生活區或寢室，可用色彩劃分不同的生活區及樓層。而寢室及共用浴室、護理站、餐廳等共用空間的入口也可以設計較大的標幟，或以圖形、動物圖案取代文字。

住戶計畫

關於高齡者住宅住戶計畫，首先必須考慮到入居者中單身者和夫婦的比例問題，也就是設施中單身住戶和夫婦住戶的數量分配問題。因單身者和夫婦的經濟負擔能力不同，對住戶的面積要求、設備也不相同。再者，也必須考慮夫婦有一天會成為單身，而各住戶將來也可能會住進其他不同需求的人。因此，原則上儘可能減少入居限制並增加住戶型式的選擇性。

因為入居對象為能自理生活的老人，對個人私密性的要求較高，故在寢室型態上多為附設衛浴設備的單人房、雙人房。原則上雙人房僅適於親人（夫婦、母子）或原本熟識、可互相妥協彼此生活的兩個人。調查研究中發現，多數雙人房的入居者均相處不佳，常因省籍、教育程度、衛生習慣等不同而發生人際關係糾紛。考慮滿足老年人各種不同的需求，應預估市場需求，適當規劃單人房、雙人房所占之比例，也可提供多種不同面積大小及樣式的寢室，增加入居者的選擇性。

住戶面積

在內部空間及設備方面，除了床位外尚需考量個人用品存放櫃、個人衣物櫥櫃、能簡單烹調加熱的廚具單元（因為瓦斯爐危險，多用電磁爐）之設置。寢室對入居者來說是最小限度的個人私密空間，應該確保在寢室尚可進行一些個人事務的處理，如寫信、讀書和較親密的朋友談心等活動，故只提供睡覺機能是不夠的。老年人有懷舊的習性，常會持有許多具特殊意義的物品，故在寢室設計上應儘量製造較多的儲藏空間。

寢室內部的空間規劃及家具設備不應該像旅館一般，以整齊美觀為優先，採用裝潢固定式的家具，而忽略高齡者的個別性，犧牲掉使用主體的實際需求。可採移動式可讓入居者因應自己的需求調整比較理想。

考慮高齡者之安全需要，寢室內應達到無障礙環境設計，在床位旁應裝設緊急按鈕，所有家具設備應修成圓角，寢室地板應採用防滑材質，避免造成碰撞或跌倒之意外事件發生。為增加「家」的歸屬感及個人空間的辨識性（Identity），寢室內空間應讓入居者自由裝飾擺設。

廚房、調理設備

入居者並非三餐全部在設施內的餐廳用餐，也有自炊或到外面用餐的時候。因此，住戶內的廚房設備若僅提供簡單煮開水的程度，並不能滿足入居者的要求，需確保足夠的調理空間，並在設備上做充分的設計考慮。特別是考慮有些入居者一週才採購食物一次的需求，應注意需預留冰箱或其他保存、置放食物的空間。此外，考慮確保防火安全，調理設備應儘量電氣化。

浴室、廁所衛生設備

一日數次不定時發生的日常盥洗、生理排泄、洗澡等行為是老年人生活中重要的一部分。受面積大小的限制，浴室、廁所大多為同一室的單元組合方式。整體上需考慮緊急通報系統的設置，以及能自外面進入的門構造。考慮身體機能衰退時的使用需求，需確保足夠的面積、加設輔助設備並詳細規畫操作動線。如：浴室中地板需採用不易滑倒的材料，浴缸旁需設置輔助出入的扶手；廁所則應注意坐輪椅使用時的面積及操作高度。

原則上，浴室和廁所在同一間的「乾濕合併」型較節省空間，但若為雙人房的寢室類型，則建議採用浴室與廁所在不同空間的「乾濕分離」型，以免浴廁被占用，造成另一人長時間等候無法使用之情形發生。也可考量在寢室空間內增設洗臉台，滿足日常盥洗或清洗物品等需求。

為因應老年人身心機能退化及安全的需要，地板需採用不易滑倒的材料，設置緊急通報系統，浴廁入口避免高低差，寢室浴廁的門板最好為拉門，門寬需達八十公分以上，以利輪椅使用者通行，廁所及洗臉台也應注意坐輪椅使用時的操作面積及高度。詳細規劃操作動線，需確保內部空間有足夠的迴轉面積並在廁所及浴缸旁裝置扶手。

身體老化殘障時的設計考慮

考慮入居高齡者身體老化衰退時的因應對策，是設計高齡者住宅時不可或缺的重要考慮要素，但是需對應到何種程度，乃是建築計畫上的一大要點。因此在住戶單元設計時，應該明確畫分使用需求，到底要對應到「第二級身有輕度殘障但能自立」，亦或要延伸到「第三級身體有中度殘障需經常使用輪椅」的使用需求。一般來說，這會提高建築設備對應水準，同時也會增加住戶面積，而各種住戶等級間比例的分配，也會影響到設施意象的設定。

結語

高齡者住宅可說是總和「方便管理程度的住宅」、「設計成方便老人居住的住宅」、「考慮緊急時的因應對策」、「必要時提供各種協助」、「緩和老年期寂寞孤獨的問題」、「儘可能讓老人持續獨立自主的生活」、「將住宅和社會福利結合」等居住需求，目的在協助高齡者或獨立自主的生活。

歸納國內高齡者住宅在整體上有幾點共同趨勢：1．其在共用設備、服務內容上，逐漸融合並參照了許多豪華型旅館、飯店的經營模式；2．考慮滿足經濟能力、身心機能健康狀況及居住人數等各種不同的需求，高齡者居住設施內的住戶形式慢慢朝向多元多樣化且具有選擇性的方向；3．為因應年齡增長身體老化需求及確保安全之故，住戶內採無障礙環境設計，而且重要地方均設置緊急按鈕或生活作息感知器，以便緊急或意外發生時能迅速救援；4．各企業近年興建的設施均設置在對外交通便利的地方，大多朝向都市近郊型設施的方向，即強調「離塵不離城」。

【參考資料】

1.．林玉子著，曾思瑜譯，1997，《經營一輩子的家：人生八十的居住觀》，胡氏圖書出版。

2.．曾思瑜著，2001. 6，《日本福祉空間筆記》，田園城市文化出版社。

3.．林玉子著，曾思瑜等譯，2004，《四十歲開始打造舒適的家園》，田園城市文化出版社。

4.．曾思瑜著，2009. 8，《高齡者居住空間規劃與設計》，華都文化出版社。（ISBN 978-986-6860-51-5）

5．曾思瑜，〈日本的高齡者自費居住設施——有料老人院〉，《空間》雜誌第九十六期．, pp. 38-44, 1997. 8。

6．曾思瑜，〈日本的銀髮住宅〉，《基泰之友》第54期．, pp. 13-22, 2001. 3。

7．曾思瑜著，〈日本及歐洲高齡者住宅．居住及設施體系的變遷〉，《日本福址空間筆記》，田園城市文化出版社，pp. 119-131, 2001. 6。

8．曾思瑜，高齡者住宅的規劃與設計，《福樂多》季刊第11期．, pp. 2-13, 2005. 11。

VI

「創齡」的故事

◆

駱紳

呂世光與林茂雄

創辦 TARP 的雙人搭檔

三十年前，當林茂雄先生（大家都稱他林茂）舉家移民美國的時候，他完全沒有想過會再回到自己生長的這塊土地上，而且跟一群好朋友完成了一個幾乎是「不可能的夢想」。

但是六十五歲那年，林茂像佛家所說的「頓悟」那樣，突然想到自己六十五歲了，正在跨過世界衛生組織 WHO 所定義的「老人」門檻，跨過這個門檻之後，就是一個「銀髮族」了，剩餘的人生價值在哪裡？是讓自己一天天老去？還是振作起來，想想自己會做什麼？還能做些什麼？

TARP 的創會理事長呂世光（右）與創會人林茂雄（左）。
（鄧惠恩、董俊斐／攝影）

剛好這時候，高齡接近九十的母親摔了一跤，必須到沙加緬度一間私人的高級養護中心靜養。林茂跟著母親在養護中心住了一段不算短的時間，在那裡，他看到很多高齡長者住在那些高級的公寓裡頭，衣食無虞，卻不快樂。這時候，他想起美國在一九五八年就成立的銀髮族組織 AARP。

「AARP」原名 American Association of Retired Persons，應該翻成「美國退休人協會」，這個協會不限於退休人員參加，只要是五十歲以上，都可報名入會。

AARP 也是個非營利性組織，現今約有三千九百萬會員，任何人只要年滿五十歲，即可加入成為會員，每年會費是美金十六元。五十多年的篳路藍縷，AARP 現在已發展成為龐然大物，但是當初創立的宗旨卻依然歷久彌新：1．促進年長人士生活的獨立、有尊嚴、有目標；2．增進年長人士的生活品質；3．鼓勵年長人士服務社會，而不是被社會服務。

AARP現有二千五百個地方分會，總會在美國首都華盛頓（Washington D. C.），另有兩個協力機構：1．AARP基金會：提供慈善服務給低收入戶的老年人以及提供免費的就業輔導、報稅服務、法律與財務諮詢……等。2．AARP服務公司（AARP Service Inc.，縮寫為ASI），提供各項服務與推薦，如：聯邦醫療照顧的輔助性保險；長期照顧醫療保險；汽車、房屋、人壽保險；處方藥品折扣福利；眼睛健康與用品折扣福利；另有旅館、租車、機票、旅遊、遊輪及各種娛樂消費產品的折扣推薦等……。

AARP的主要財源有：1．會員繳交會費；2．刊物與網站上的廣告收入；3．各種有關推薦產品公司的贊助費或抽成費用等。

自二〇〇二年起，AARP會員會收到雙月刊一份（這是全世界發行量最大的刊物），另有一年十一次的簡訊。此外也有西班牙語的季刊以及電台裡教育與政策宣導性的廣播節目。

AARP 有很強的政策宣導工作使命，他們有一個二十五人的國家政策推薦委員會，並在各地設有分會，研究當地議題，但是不推薦特定候選人或政黨，只著重於政策；他們也會在聯合國或相關國際會議上推行老人福利等議題……。林林總總，不及備載。

AARP 的巨大功能成了一個呼喚的聲音在林茂耳邊響起：「這不就是你應該為自己，也為銀髮族朋友做的事情嗎？」

六年前，林茂回到台北，試圖完成自己心中簡單的夢想。他創辦了 TARP（Taiwan Association of Retired Persons，也就是台灣的 AARP）。

幸運的是，他遇上了一些老朋友，尤其是以台大田徑隊跟青企社為班底的一些熱心好友，從一百五十個人的基礎，逐步推動起各項工作。青年時期就一直支持他的好友呂世光更是一肩擔起理事長的重擔，兩任理事長任期中，捐出超過四百萬的經費。加上響應他們的號召，有許許多多志工投入這個行列。

眾人燃燒的熱情，熊熊火焰點亮了 TARP 未來發展的前景，真是令人難以置信。做為 TARP 的創辦人，七年多前回來的時候，林茂帶的是簡單的行囊，完全無法預期自己會停留多久？夢想是否能夠實現？更不敢想會有今天這樣的規模。創會理事長呂世光每次跟林茂講到 TARP，都是滿心歡喜，對眾人，尤其是對無私奉獻的志工，心中總是充滿無限的感激。

現在台灣有二五四萬名老人，但是十五年後，老人將倍增為四七五萬人，占總人口數二十．三%，相當於每五個人就有一位老人！站在歷史的浪頭上，我們正在面對的是人類從來沒有出現過的問題，就是「世界上竟有這麼多長壽的銀髮族，而且還在不斷『大量』增加」。

銀髮族何去何從？在解決這個問題的努力上，呂世光與林茂勾勒了一幅遠景藍圖，他們要真正帶給銀髮族的是尊嚴與快樂。不管路有多遠，既然開始了，就會有越來越多的人和他們一起並肩走下去吧。

（駱紳／撰文　AARP 資料係周永基先生提供）

宋恒新

把健康交給醫生，把生命交給上帝，把快樂留給自己

宋恒新伯伯剛過九十三歲生日，他年輕時縱橫敵後，與日軍對抗；中年叱吒商場，打拚事業；現在則篤信基督，以愛心擔任傳神工作。

在他的字典裡沒有「老」字，凡是年輕人使用的3C產品，如iPhone、iPad寫Email，講Skype，他都一樣可以上手；我第一次去拜訪他，臨走的時候，宋伯伯送我到門口，對我說：「以後有事不敢勞煩，我們通Facebook就可以。」真是把我悶在門口，不知如何接話。

在宋伯伯溫和謙遜的外表下，其實飽富強韌的生命力！他的生命

從來不是一帆風順的：

四歲喪母，十二歲失怙，幸好繼母甚為疼愛，為他啟蒙算術、英文，又在私塾裡練書法、讀古文。十三歲投靠上海舅家，白天工作，晚上夜校進修。戰亂與貧窮讓宋伯伯一直無法順利完成各階段的學業，然而他靠著自學，能說國語、台語、日語、英語、上海話、寧波話、廣東話，甚至一點阿拉伯語！政府早期遷台時，宋伯伯還考進美國新聞處呢，可見他的語言天賦！

十五歲起，宋伯伯參加了反日活動，接受軍事訓練，投入敵後工作。二十四歲不幸被抓進日本憲兵隊，受盡酷刑。幸好隔年抗戰勝利，宋伯伯僥倖存活，但是因為身受重傷，從此疼痛日夜相隨，止痛藥與安眠藥無日或離。中年時腿部因舊傷腫脹到幾乎要截肢，但是宋伯伯不曾叫過苦，他老是笑咪咪地說疼痛是他的好朋友！

四十九歲時，因為腦部病變癱瘓十餘年的妻子棄世，留下七個孩

剛過九十三歲生日的宋恒新先生。（簡佩誼／攝影）

子（四男三女），龐大的生活壓力，重負可想而知！

可能是母系基因遺傳的緣故，七個孩子中的五個也在與母親同樣年齡時出現相同的病情，先後離世！痛苦莫名中，宋伯伯曾經獨自去到花蓮想投海自盡，但想到未了的責任，以及他自小所篤信的基督，最後還是選擇堅強地面對人生！

比較特別的是，在許多人安享退休的階段，卻是宋伯伯獨資開創個人事業的時候。他在事業上獲致兩次重大成功的關鍵時刻，分別是五十六歲與七十四歲。前一次是得到當時全美最大零售業 K Mart 所有的皮包訂單，持續五、六年之久，每一次出貨都要幾十個貨櫃！後一次是在大陸蘇州成立專做馬達的電機工廠，員工有五千名之多，這個工廠如今仍在運作！

宋伯伯任職過國營事業（中紡公司），自營過家庭製襪事業，擔任過高雄民營公司副處長，以及塑膠公司、木材公司、成衣公司、假髮工業等等。他被倒過帳；工廠因為石油危機、原料暴漲被迫停過工；前進大陸又遭遇六四，曾被迫棄過廠。宋伯伯說，從二十六歲到七十四歲，他失敗的次數遠多過成功，他吃苦的時間也遠超過享福，但這些都挫折不了他的意志！

八十歲時，宋伯伯正式從職場退休，到現在九十三歲。這十多年間，教會活動是他平日生活的重點，他參加詩班、義工隊、同工會、探訪隊，也和老朋友們組午餐會、咖啡會，還接受品格教育師資訓練課程。閱讀也是他每日必做之事。

八十九歲時他曾病重住院兩次，出院後更注意自我照顧，當覺察出自己有退化的現象時，他去參加衛生所的「預防失智課程」，並積極安排自己每日的作息與活動，保持與外界的聯繫。

九十一歲時，他還參加傳神機構辦的「樂齡義工訓練課程」，跟著年齡小兩、三輪的同學又唱又跳，毫不遜色。

去年秋天，他還以九十二高齡，獨自搭機到美國去探訪兒孫呢！二〇一二年二月，他因為看到一份《畢業班》的刊物，接觸到「台灣喜大人協會」，開始把聽喜大人協會辦的專題演講也納入他每週的活動計畫表了。

宋伯伯雖曾身經百戰，現在坐享經濟寬裕的生活，但在與朋友相處時，他卻是謙虛、溫和，極不愛張揚，處處為人設想。只要看到他人的需要，他都會盡力協助。

一位多年老友，長期插管臥床，當心情不好時，會囑家人電請宋伯伯過去聊聊，宋伯伯接到電話就立刻過去看他，有一次還是下著雨的冬天深夜，宋伯伯照樣獨自走路前往探視，沒有驚動熟睡的家人與外傭。

曾經，一位失聯已久的老友看到宋伯伯捐助日本大地震的報導，突然要求和宋伯伯見面。這位朋友曾經有很成功的事業，可惜養成酗酒的習慣，賠了健康、事業與家庭。宋伯伯心裡有數，既然朋友有需求，沒等朋友開口就送了他一筆錢，但叮嚀他要自重且下不為例。

這一則一則的小故事，都凸顯了宋伯伯待人的細緻與誠懇。其實宋伯伯的視力與聽力都不好，但不認識他的人跟他對話，都會以為他耳聰目明。我問他如何做到的？他說：「靠專注力！」

他的「專注」不只對人，也對己。他每天很專注、認真地起床、吃飯、運動、陪小狗、閱讀、活動、寫計畫協助兒孫創業、睡覺，……態度就像他在經營事業時一樣慎重。

九十三歲生日前夕，我問宋伯伯說：「九十三歲高壽，你的生日感言是什麼呢？」

宋伯伯像小頑童一樣的答覆我說：「每天起來，發覺有早餐可吃，早餐吃完有午餐可吃，午餐吃完有晚餐可吃；晚餐吃完有覺好睡，這一天就開心了。」我突然想起他對我說過的，年輕時駕著附掛式的機車，他管駕駛，另一人負責狙擊，不幸在奔馳中翻車，隊友不幸受了傷，他則幸運的毫髮無損；可是不幸受傷的同袍後來調內勤，他這個幸運毫髮無損的卻被送往敵後，可見禍福難料，幸與不幸就是一線間。或許他這樣頑皮式的回答，正是要告訴我「人應該把健康交給醫生，把生命交給上帝，把快樂留給自己。」讓命運一切隨緣吧。

宋伯伯一生闖蕩江湖，閱歷無數，遍嚐人生百味，卻始終懷抱仁人愛物、悲天憫人的襟懷；他樂天知命，急公好義，敬虔愛神的長者風範，實為吾輩所共欽。

（李中琪・駱紳／聯合撰文）

周詠棠

行萬里路的人生

六十六歲那年，當周詠棠先生決定退休的時候，就摒棄了一切擔任高薪顧問的機會，他告訴自己，要捨得割捨、放下，開始過一種簡單、素樸，真正自己想過的生活。

完全退出職場，說說簡單，要做到並不容易。周伯伯曾經擔任台灣最大的食用油生產工廠「嘉義市台灣油廠」的廠長兼副總經理；一九五九年應聘擔任生產「黑人牙膏」的好來化工公司廠長兼副總經理，同時也是供應黑人牙膏所需軟管的「伸豐」軟管公司總經理，三個職務都是關鍵位置，他以一介老臣，在「黑人牙膏」一待就是三十年。

在台灣的牙膏市場上，「黑人牙膏」是第一品牌，曾市占率達八十五%以上。一九八六年，世界最大的牙膏公司，生產「高露潔牙膏」（Colgate）的棕欖公司認為「黑人牙膏」品質優良，為主要競爭者，決定與「黑人牙膏」合資生產，他們從美國派遣管理顧問精算稽核人員來台灣廠實際評鑑，同時也將他們自己管理的東南亞地區，包括馬來西亞、泰國、菲律賓、印尼等地工廠一併列入評鑑，結果台灣「黑人牙膏」廠經評鑑為最優，棕欖公司對黑人牙膏的生產線與財務控管都深感滿意，覺得即使自己派人來經營也不過如此，因而採取百分之百的信任，不派一人來台灣工廠參與管理工作，合作時股份各五十%，而不是五十一%與四十九%，簡直是世界少有，足見他們對「黑人牙膏」在經營管理上的信任無比堅定。

一九八九年，周伯伯以六十六歲之齡退休時，對「黑人牙膏」交

周詠棠先生在世界最大的郵輪上。（周詠堂／提供）

出亮麗的成績單，除了無愧於自己，老東家也對他多方禮遇，希望他留任顧問職；星馬跟東南亞幾個大企業也爭相跟他招手，希望高薪挖角，換取他工作累積的經驗，但是他全部拒絕了。周伯伯決定退休的同時，他就跟自己說，從這一天起，他要當一個真正的「自由人」。

想當自由人，必須有兩個條件：

經濟上要有基礎。周伯伯退休之後，二十三年間走南闖北，也熱心公益事業，退休金花費殆盡，現在之所以還能過著優適的生活，憑藉的是過去的投資理財，可見理財對退休人士來說極為重要。二〇〇八年八月廿八日，周伯伯應邀生平第一次公開演講與他專業毫不相干的「人生經驗談」，內容就是「銀髮族保住老本的九個方法」，包括：台幣存款、外幣存款、債券、金融票券、股票、基金、期貨、黃金和房地產。總結一句話，就是「不要將雞蛋放在同一個籃子裡。」

周伯伯對該次演講，事前的準備十分用心，除了提供一份演講摘要，後頭還附上意見調查表，希望大家聽完演講後，告訴他滿不滿意演講內容，同時給他建議；看得出來他對「績效掌握」很認真，每一個環節都十分在意，是一個力求完美的CEO。

此外，要當自由人，必須身體健康。一個人生了病，躺在病床上，什麼自由都沒有了，還要花錢受罪。周伯伯為了追求健康，勤於運動，每星期三次，每次一小時出汗的運動，例如到健身房「划船」，划得一身汗，沖澡後才回家。此外他也吃五種不同的健康食品，包括褪黑激素、銀杏葉素、葡萄糖胺、鈣與維他命D、多種維他命及礦物質。

在這兩個條件的支援下，周伯伯得以健康、無掛慮的旅遊世界各地，拜訪過九十多個國家及地區，最遠到過南北極。截至目前為止，他已經出國一百八十五次，搭飛機旅行超過一百二十多萬公里，可以換算成繞赤道飛行地球三十多圈。一九九一年，美洲旅遊協會在台召開世界工作會年會時，特別頒贈「卓越旅遊獎：出國次數最多」的獎項給他。

周伯伯百分之百是我們銀髮族羨慕、學習的典範。重複本文起頭所寫的那句話：「有些事說說簡單，要做到並不容易」，見賢思齊，大家應該還有很多可以努力的地方。

（撰文／駱紳）

王士彥

推動「生命自主權」

在刻板的印象中，銀髮族長輩應該都很忌諱談論「生死」，不過我所認識的王士彥先生卻是例外。

王伯伯是個很smart的長者，他經營事業十分有成，也都因為這些事業走在時代前端的緣故。

王伯伯做的第一個生意是大家耳熟能詳的抗生素輔助飼料「歐羅肥」，搭配獸藥、農藥的銷售，而成立了「新台農牧公司」。

除了賣「歐羅肥」的「新台農牧」，他又和友人成立賣西藥的「天行」，後又和朋友共同創立的第三個事業是生產黏膠帶的「四維公司」。王伯伯非常注意包裝容器，有一天在包裝容器雜誌上看到利樂包包裝牛奶的介紹，他大感興趣，立刻跟對方聯絡，後來他也出任台灣利樂包公司董事長，前後十七年。

王伯伯的smart，不僅在於事業上搶得先機，生活上，也不受年齡限制，時時展現他的創意頭腦。近幾年，看著朋友一一老去，有的臥病床榻，受盡醫療的痛苦，王伯伯突然發願要推動「生命自主權」，並且從二〇一〇年四月開始，自掏腰包發行《畢業班》刊物。

《畢業班》顧名思義就是談與「畢業」（生命終結）相關的專冊。這本刊物目前已出版四期，從不同角度探討「畢業」前後的多個面向，以及「生」與「死」之間糾結交疊的種種問題，刊出的專文有：設立個人專屬的信託、預立遺囑怎麼寫？我國民法上「特留分制度」之再思考、尋找生命中的善終、「生命自主權」——計畫生育VS.計畫死亡、「生命自主權」是基本人權、在那朝聖的驛站：趙可式博士演講摘錄、

王士彥先生（中）推動「生命自主權」。（鄧惠恩／攝影）

幽明之間、放下的智慧、植物人的政治學與醫學倫理學……等等。

對於「生命善終」的課題，值得關心的領域和話題還有很多，王伯伯除了擔任「畢業班」班長，他還邀約朋友組成「畢業班」編輯小組：成員包括他的好朋友宋恒新、姚久龍、于元鴻、劉振瑋律師、李中琪、劉惠英、駱紳等人一起共襄盛舉。

王伯伯說，「安寧照顧」、「安樂死」、「NO CPR」等等，必須先承認有「生命自主權」；他認為，大部分人從出生、上學、一直到就業、結婚成家，大部分都是自己無法做主的，到了生命的最後，決定權應該回到我們自己的手中，我們要能夠決定接受什麼樣的醫療，甚至自己決定在何時、何地、用什麼樣的方式，走完自己的人生。

王伯伯也知道這樣的觀念必定會受到每個人不同主觀的意念或是宗教界的反對，但是他還是堅持以包容的心探求社會共識，一步步的推廣下去。

（駱紳／撰文）

王健

精采人生的七個大夢

一個人一生中能夠完成一個夢想，已經十分難得，但是王健教授卻以七種截然不同的身分，完成了他此生炫麗多彩的七個大夢。

少年王健在高雄中學讀了九年還無法畢業，因為他身兼口琴社、樂隊、合唱團、寫生社等幾個社團的團長，而且他迷上了足球，當上足球校隊隊長，帶領雄中連續四年在南部七縣市比賽中奪冠。

後來校長王家驥堅持他不能因打球而耽誤學業，王健才悻悻然退出校隊專心準備聯考。不過他踢球的天賦並未被埋沒，日後陸續被選為「陸光」、「三軍」足球隊隊員，最後進入「莒光」國家代表隊，成為「國腳」，圓了他此生第一個夢。

退出校隊後，臨時抱佛腳的王健以精湛的素描功力，在短短時間的準備過後，以「高六」的身分，一舉考上公費的師大美術系，興奮之餘，他在開學前就騎著腳踏車從鳳山來到台北，努力開始學畫。他曾經兩度獲得黃君璧獎學金，並以術科第一名畢業。成為畫家，是王健人生中的第二個夢。

流著和母親一樣愛好音樂的血液，王健延續雄中時期的嗜好，在師大仍然擔任樂團團長。此後音樂一直與他如影隨形；一九六六年他擔任仁愛國中的樂隊教練期間，參加全國音樂比賽，拿下社會組小喇叭獨奏冠軍，完成了他人生的第三個夢。

憑著出神入化的演奏技巧，王健獲得企業界朋友的賞識，力邀他加入全國最大社——士林扶輪社的創社會員，並在二〇〇八年獲推舉為該社社長。在社會地位獲得肯定之後，他又在一九九一年出任消基

成為一名優秀的小喇叭演奏家，是王健教授的人生夢想之一。

會監察人的職務，關愛社會，從事社會公益的奉獻者與領導者，這是王健教授人生的第四個夢。

初入社會的王健曾經短暫服務於大同公司，擔任產品設計師；後來在妻子的鼓勵下，成立王健設計學苑，一面教導學生，一面專事設計工作，並擔任中華民國室內設計學會的創會理事長，以及第十屆工業設計學會理事長。成為專業的設計者，這是他人生中的第五個夢。

繪畫、設計之外，王健又展示了他異於常人的天賦，就是「寫作」，先後出版《救窮脫困大計劃》、《圓夢策略與黃金常識》及立緒文化最新發行的《誰說人老會變醜》等書，並在民生報、自由時報、大紀元時報、當代設計雜誌等平面媒體寫了二十一年的專欄迄今。在變身作家的同時，也圓了自己人生的第六個夢。

第七個夢，也是最新的一個夢，王健把對銀髮族的關愛化為行動。他常戲稱自己是「倭寇」，因為母親太田智惠子是日本山口縣人，秉承當地強悍的民風，戰前不顧家人反對，硬是嫁到人生地不熟的台灣；戰後則堅持不改日本姓氏而被國民政府限期驅離，坐著最後一艘遣返船，離開丈夫和四個稚齡的兒女。往後的日子裡，四個小孩思念母親極深，王健的大妹在罐頭工廠洗罐頭，一心想要存錢赴日探望母親，但因感到與母親相見遙不可及，竟跳水自盡。

一九七〇年，苦修日文的王健藉著工作受訓的機會，終於踏上日本國土，與闊別十八年的母親見面，此後他每年探視母親兩次，華視《點燈》節目介紹這一段感人的故事時，出機到日本跟拍，並以「候鳥」形容王健的孝行。

王健的母親在日本東京都立東村山老人院住了廿五年，直到九十歲才去世，在那裡受到無微不至的照顧，這也激發了王健教授對日本老人政策、老人居住空間規劃與安全的研究。

王健教授說，日本政府內閣官房及厚生勞動省，透過都道府的村里街坊統計出老人生態以及需要幫助的要項，編列預算，提供老人理財、教育、照護、婚姻、職場仲介等諮詢，並編製白皮書，這些作為都是我們可以學習效法的，所以照顧老人、幫助老人、避免他們陷於孤獨、無助，就是他現階段要圓的另一個人生大夢。

（駱紳／撰文）

陳海陸

闖入瑜珈殿堂十年有成

十多年前，陳海陸先生為運動傷害所苦，膝蓋不適合跑跳等劇烈運動，經好友黃國師夫婦的指引，嘗試接觸瑜珈。當時，純粹抱著姑且一試的心態開始練習瑜珈。

他報名邱素貞瑜珈天地，嘗試入門的課程三個月，之後覺得不錯，再繼續報名一年期課程，好奇心帶領他闖入瑜珈殿堂，企圖領略瑜珈的價值。一年後，他的確覺得身心各方面有某種程度的改善，特別是身體與精神方面的平衡與沉靜。於是，他加入終身會員，想更進一步探尋瑜珈世界。

瑜珈，是印度流傳數千年的古老運動，如同中國歷史悠久的太極拳，絕對有它博大深奧之處，他決定要揭開瑜珈的神祕面紗。

練了幾年瑜珈後，果然困擾幾十年的失眠，漸漸獲得改善！總是看起來疲憊的外貌，漸漸變得有活力，腰桿挺得更直而筋骨卻變得更具柔軟度，膝蓋疼痛已經消失，整體精神氣色顯得健康！

不需與人比較，每天簡單地、沒有壓力地、持續地且快樂地運動著，瑜珈靜悄悄地產生了莫大的力量。經過長久的練習後，陳海陸先生的外表及行動看似一樣，其實，內部體質以及運作已完全改變。

瑜珈的練習，是藉著腹部呼吸，深、長、細、慢地活化細胞。人類身體細胞更新會依身體部位而有差異，整體而言，大約經過一百二十天左右，身體的細胞會完全更新活化。持續的瑜珈練習可平靜一天的心情，再配合身體細胞的更新循環，達到有效且完整的平衡。瑜珈是結合身體、精神、心靈為一體的運動，幫助身心變得自然、平衡。

十年，兩千堂課，瑜珈變成陳海陸每日生活的一部分。（陳海陸／提供）

台大醫院病理科醫師李豐博士說過：一天有二十四小時，只花兩小時做瑜珈運動，換得二十二小時優質生活品質是值得的。

健康的生活，是古今中外，人人窮畢生精力，想追求的目標。累積先人智慧而流傳至今的瑜珈哲學，也許虛無縹緲、晦澀難懂，但或許真能指引我們找到獲得健康的道路。

一個麻糬天天用心搓揉五分鐘，另一個麻糬則靜置不動。經過十天之後，用心搓揉的麻糬變得Q軟，而另一塊麻糬，則水分流失，變成龜裂硬塊。同樣地，擁有幾乎一樣體質的雙胞胎，一個人每天做瑜珈，活動筋骨一個半小時；另一個，整天僵坐在電腦前不活動。一年後，每天動一動的人保持身體柔軟靈活，另一個人卻變得僵硬且脆弱！十年後，將會成為外貌及體質完全迴異的兩個人。

健康的身體該是柔軟靈活的、有活力的、漂亮的。雕刻家花一星期的時間所雕刻出的一尊人像，只算是個粗品。花費一年的時間，雕

陳海陸先生練瑜珈倒立的照片，姿態像是一根長竹一般的筆直。
（陳海陸／提供）

刻出來的人像，才可能是件藝術品。我們若不用心對待自己的身體，隨性雕鑿，身體就會是件沒有價值的粗品！

如果，我們認真對待身上每一個細胞，緩慢但用心地精雕細琢，我們的身體就會是件藝術品，而且是充滿生命力的藝術品！瑜珈就是我們人體雕刻家握有的最佳工具！

陳海陸先生說他自年輕起從不間斷地運動著，運動歷程洋洋灑灑：足球三年、柔道四年、桌球四年、慢跑三年、太極拳三年、健身四年、高爾夫三十年，再加上瑜珈十年。運動一輩子，讓他感受最深，獲益最多的就是瑜珈！這是一次內在的、深層的、無法言喻的體會。如今，六十多歲且人稱「老翁」的他，依然健步如飛，忙碌充實。身體告訴他，自己只有五十歲！

陳先生從八十七年二月十八日進入邱素貞瑜珈天地，到今天，上了超過兩千堂課，歷經十多年時間！瑜珈是他的養身運動，也是他每日生活的一部分，唯有持續不間斷，才能真正感受瑜珈的愉悅體驗。陳海陸先生給我看他練瑜珈倒立的照片，姿態像是一根長竹一般的筆直，真是令人敬佩。見賢思齊，大家也不妨也來試試瑜珈的好。

（陳海陸／資料提供　駱紳／改寫）

潘秀雲

噴射機阿嬤的運動人生

健腳的「噴射機阿嬤」潘秀雲是指標型的銀髮長者，多年來，她持續馬拉松式長跑，每天從住家廈門街跑到景美橋再折返，相當於七千公尺。長跑之後，她還打網球，然後回家梳洗，再去上班。

這樣耗費體力的活動，她能夠持之以恆，相當讓人佩服，也無怪最近幾年，接連在日本京都及泰國清邁「第十四、十五屆亞洲長青運動會田徑比賽」獲得佳績。

二〇〇九年一月十二日到十七日的清邁亞洲大賽中，潘秀雲兩百公尺破大會紀錄（三十九秒一）輕鬆拿下金牌。跳遠三米二九也得到

除了長跑之外，潘秀雲也喜歡網球。球拍就有十五支。

金牌，一百公尺（十七秒四）則是以一個肩寬的距離不幸輸給日本天后級跑將而得到銀牌。日本隊在最重要的一百公尺和兩百公尺項目只拿到這塊金牌，隨隊採訪的日本NHK電視台已經大肆報導，噴射機阿嬤奪得多個獎項，然國內不但沒有獎賞，連一個小消息都沒有見報，真是令人氣餒。

潘秀雲念蘭陽女中的時候就是田徑好手，百米成績十三秒，男生追不上她，就在背後稱她「噴射機」。

潘秀雲說，她雖然叱吒於田徑場上，但是少女時代的青春戀史卻乏善可陳，到了廿二歲的時候，才憑藉媒人婆的介紹嫁入夫家。

結婚之後，是她一生轉變的開始，先生的家族以營建為主，一個建案少說也有幾十個工人，嬌小瘦弱的她也只能「嫁雞隨雞」、掄起鍋鏟張羅一大群工人的飯菜。

她和先生一直辛苦努力工作；但事業順手之後，男人開始交際應酬，潘秀雲說：「每天先生都喝得醉醺醺地回來，嘔吐傷身不說，幾年之後，先生竟然因為酗酒傷肝，一病不起。」

為了生活，她走出家庭幫日商賣藥，做推銷員的工作。這個工作很簡單，就是當著日本客人的面，把手伸出去，讓師傅用滾燙的熱水淋過，然後塗上藥膏，凸顯「神奇藥膏」的驚人藥效。

這是玩命的工作，因為師傅有一個是老手，一個是新手，遇到老師傅休息的那天，新手師傅淋燙，拿捏常常失手，有時來不及敷藥，痛得幾乎休克。潘秀雲說：「一條藥膏一百二十元，我可以抽二十元，想到錢、想到孩子和臥病床榻、肝硬化的先生，即使害怕，還是閉著眼睛把手伸出去。」

跟日本人打交道的期間，她勤練日文，後來也可以接一些導遊業務。但是幫日本人當導遊有一個工作要做，就是在他們抵台的第一天要帶他們去酒店找好這幾天的「地陪」。有一天幾個日本客人到酒店看了半天，很失望地出來，說：「裡面的小姐怎麼看起來都沒有媽媽桑這樣的氣質呢？」潘姐大為生氣，她說：「我不是做這個的。」幾位日本客人覺得自己實在失禮，離台時，在機場各給了一萬元小費，並且表達極度的歉意。潘姐說：「人貴自重，你如何待人，人家就如何看你。」後來她接的日本客人多了，還開了一間卡拉ＯＫ店，也是因為以秉直的個性待人，黑白兩道都不曾上門騷擾。

從童年時期到多姿多采的青春歲月，潘秀雲經歷不少家變事故，寡居之後勇敢當一隻浴火鳳凰，重新找到人生的出路，她既是勇於面對新生活的阿信，也是堅強快樂的生命勇者。

噴射機阿嬤的故事可以讓銀髮族長輩深刻體會：「老不一定就無用」，人生到老正是發光發亮的好時機呢。

（駱紳／撰文）

薛無

七十五歲玩九個部落格和七個網路社群

人不是因為老了而無法學習，而是不再學習所以開始變老。

網路上有人製作一組「提醒大家不要變老」的語錄，第一條就是要銀髮族加緊學習的腳步，因為你一旦停止學習新東西，在科技日新月異的時代潮流中，很快就會發現自己跟不上、落伍脫節了。

如果你七十五歲了，你會做什麼樣的學習呢？你會上網購物？發伊媚兒？讀網路作家九把刀的小說？還是學幾種不同的外國語？

擔任過慶宜證券股份有限公司創辦人、大東綜合證券股份有限公司創辦人、國票金控股份有限公司發起人，以及備受海內外好評重視的 Taiwan Yellow Pages 發行人的薛無，曾經在財經舞台上呼風喚雨；但是現在，他淡出這個風雲變幻的舞台，雖然仍舊擔任香菇王／第一名店股份有限公司名譽董事長，並經營美國萊威公司的光波能量貼片，推動能量醫學的健康事業，但是已經將全副精力放在社會公益的奉獻上，現在他是台灣銀髮族總會副理事長、台北市銀髮族協會理事，除了關心老人福利之外，他還建立行動天使 www.ksheih.blogspot.tw 部落格，推動愛心公益不必等待有錢有閒，應該馬上行動的觀念。此外在忙碌的生活中，他參加了 Facebook、Google、Twitter、Linked In、Plurk、Netlog 和 Zoosk 等七個網路社群，最近還重整專注經營下列九個部落格，包括：

行動天使　www.ksheih.blogspot.tw

無所不談　www.kingmansheih.blogspot.tw

淡出職場的薛無每天背著包包，不管去到哪裡都安步當車，他說「走路就是最好的運動」，衡量自己的能力，能走多遠就走多遠。（董俊斐／攝影）

邁向成功　www.chenkong.blogspot.tw
自然養生　www.zrys.blogspot.tw
台灣之光　www.twzg.blogspot.tw
智慧花園　www.zhhy2012.blogspot.tw
高齡社會　www.glsh100.blogspot.tw
中國論壇　www.zglt100.blogspot.tw
幽默大餐　www.ymdc100.blogspot.tw

他說，經營九個部落格，並不表示他有多大能耐，實際上只是觀念的轉變而已，他把網路收集到的資料分放在不同的部落格，在雲端概念尚未興起之前，他已把部落格當作他的雲端資料庫了。這九個部落格統合名為「三寶殿」，隱含「無事不登」的意思。

薛無的人生哲學是「學什麼就像什麼」。他研究生態，翻書找資料，如果有疑惑，立刻在網上向專家求助，請大家在他的部落格中提供高見；他追求樂活，也邀請大家把「樂活」的體驗拿出來分享；至於研究易理，更是理論與實務結合，為文論析，同時面對面幫人解惑。

IBM總裁葛斯納（Louis V. Gertner）在他個人傳記《誰說大象不會跳舞》這本書裡，提到企業競爭不能只是用腳試水溫，而是要跳下去讓自己全身濕透，久經商場歷練的薛無認為，要專注在銀髮族問題的研究上，政府和民間也同樣是要全心投入，而不是試試水溫，感覺一下冷熱就足夠。台灣六十五歲以上的老人已經有二百五十多萬，超過全部人口的十%，銀髮族的時代已經來臨，屬於銀髮族的問題已經擺在眼前，需要大家正視，而銀髮族的產業跟商機也會逐漸浮現，如果能夠結合這兩者，創造雙贏，對銀髮族來說倒是一個好的安排。

為了銀髮族的問題，薛無不斷呼籲大家做好生涯規劃，因為現在醫學進步，壽命延長，如果大家都活到七老八十，人生的路就變得很漫長，而且後端的路會越來越不好走。他不斷藉著公開的演講，提醒銀髮族朋友要跟他一樣，「把廚房當作最好的藥房，把食物當作最好的藥物，注意充分的運動，如果現在沒有時間運動，將來就會有時間生病」。

淡出職場的薛無每天背著包包，不管去到哪裡都按步當車，他說「走路就是最好的運動」，衡量自己的能力，能走多遠就走多遠。由於大家怕累，所以習慣搭車、搭電梯，其實要開始習慣走路之前，第一步最難，邁出第一步，接下去的就容易了。只要每天走幾段路，爬幾層樓梯，筋骨跟腦袋就會鬆開，氣功健身有一個重要的口訣：「能鬆就能爽」，人的身體一旦鬆開，免疫能力就會提升起來。

薛無先生的奮發精神無休無止，讓年輕人都自嘆不如，他的養生觀念則像一部寶典，值得大家翻閱學習；我們常說「老」是上帝最無私的安排，每個人都會漸漸走上這條路，當你發現自己不知不覺也年過半百的時候，千萬不要停下生活跟學習的腳步，學習跟薛無先生一樣挑戰自我，邁向人生另一個高峰吧。

（駱紳／撰文）

本書附錄

經建會於民國101年7月23日發表

中華民國二〇一二年至二〇六〇年人口推計

本會已研擬完成「中華民國二〇一二年至二〇六〇年人口推計」案，並於本（廿三）日提報本會第一四三三次委員會會議，有關重要推計結果及相關意涵如下：

（一）重要推計結果

・人口零成長：高、中、低推計之人口零成長分別出現在二〇三一年、二〇二五年及二〇二〇年，總人口最高峰分別為二四．〇百萬人、二三．七百萬人及二三．五百萬人。

．出生、死亡：依中推計，出生人數將自二〇一二年二二．九萬人，至二〇六〇年降為一一．五萬人；死亡人數則自二〇一二年一五．四萬人，至二〇六〇年增為三四．二萬人；出生與死亡人數於二〇二二年接近一八．六萬人，自然增加人數趨近於零。

．學齡人口：依中推計，六至二一歲學齡人口十年（二〇二二年）後將減少一一．九萬人或二五．〇%，其中以十二至十七歲國／高中學齡人口減少三四．九%最多；二十年（二〇三二年）後，將再減少二三．三萬人或六．九%，其中則以十八至二十一歲大學學齡人口減少一二．三%最多。

．工作年齡人口：依中推計，十五至六十四歲工作年齡人口數將於二〇一五年達最高峰，之後將持續下降。工作年齡人口占總人口比率將由二〇一二年之七四．二%最高峰，持續下降至二〇六〇年之五〇．七%。

・老年人口：六十五歲以上人口老年人口占總人口比率將由二〇一二年之一一．二%，增加為二〇六〇年之三九．四%。其中，八十歲以上人口占老年人口之比率，亦將由二〇一二年之二五．四%，大幅上升為二〇六〇年之四一．四%。

・扶養比：每百位工作年齡人口所需負擔之總依賴人口，於二〇一二年為三十五人，達最低點，未來將逐漸上升，二〇六〇年增加為九十七人。

(二)人口推計意涵

1．我國育齡婦女人數受生育率長期下降的影響持續減少，未來即使生育率能再回升，我國總人口數轉為負成長，並且朝少子化及高齡化轉變之趨勢，已無法避免。

2．依據中推計，我國人口於二〇六〇年將降為一八九一．八萬人，相當於一九八三年的人口數，雖可減輕我國環境資源之負荷，惟推計至二〇六〇年，我國人口年齡中位數將達中高齡程度之五七．四歲，扶養比更高達九七．一％，較一九八三年人口年齡中位數為活力充沛的二四．二歲，扶養比為五五．〇二％明顯提高。因此，如何順應人口發展趨勢，及早規劃人力資源運用、產業發展轉型、都市住宅發展、社會及醫療服務等政策，以維持我國未來之經濟成長與競爭力，並提升生活品質，相當重要。

3．由本報告對生育率之高、中、低假設之推計結果可知，若生育水準能及早達成穩定或可逐漸回升，人口結構轉型的速度將愈能緩和，使我國能逐步調整相關措施。因此，如何維持國人於去（二〇一一）年建國百年及今（二〇一二）年龍年之結婚、生育意願，是政府努力之目標。

4．未來幼童及學齡人口將持續減少，不但影響幼保及各級教育資源的運用，亦影響未來人力資源之數量及素質。為厚植我國人力資本，教育體系的彈性調整機制、優質的生養教育環境，以及青少年的創新及就業能力，仍是重要課題。

5．高等教育普及使國人進入勞動市場的年齡延後，再加上少子化趨勢使未來勞動人口減少且有中高齡化現象。為充裕未來勞動供給，應建立更健全的勞動市場制度及合宜的勞動條件，以維持勞動市場活力。

6．高齡人口快速增加，對國人的家庭結構、工作與生活型態及消費方式均有影響，更需要有健全完善的醫療照護服務體系，及多元化的老年經濟安全制度，以營造健康友善安全的活躍老化環境。

7．我國的移入人口除了以婚姻為主的新移民以外，未入戶籍的外來居留人口亦日益增加，考量社會已朝多元化發展，持續關注各方需求，營造國際化的生活環境，將有助維持社會穩定和諧。

8．近年來政府為因應少子化及高齡化可能衍生扶幼護老及人力資源相關問題，已核定「人口政策白皮書——少子化、高齡化及移民對策」，並規劃推動多項方案計畫，本報告可作為未來相關政策研擬及修正之參考依據。

本案於本日提報本會委員會議，獲致結論如次：

（一）本報告人口推計結果具體顯現台灣未來人口之結構性變化，並提出對經社衝擊之相關意涵，為及早因應，請各主管機關本於職掌，研擬及修正相關措施，並落實推動。

（二）人口推計結果是政府施政的重要依據，本案陳報行政院備查後，送請各相關機關參考。

轉載自行政院經濟建設委員會網站

內容簡介

銀色風暴席捲全球

經建會在二〇一一年初的時候，發表統計數據指出，二〇一一年台灣地區人口老化程度排名世界第四十八，但最快在廿二年後，台灣將會超越日本成為全球最「老」的地區，較原先預測提前七年。加上台灣世界最低的生育率，人口老化的程度恐將侵蝕國本。

「老人潮」來襲，老人倍增所形成的「銀色風暴」正在席捲全球，我們也身陷其中，即使你現在居住的地方還不屬於「超高齡地區」，那也不用高興得太早，「台灣老化地圖」很快就會畫到你家門口，把你居住的地方圈進去。

經建會很悲觀的預測：一九九〇年以後出生的年輕人，將有三成沒孩子、四成沒孫子，五十年後老年人口將成長三倍，這個預測簡稱為「九〇三四現象」。

台灣少子化現象甚至是國安層級的問題了！

二戰後出生的「嬰兒」潮人口曾支撐起台灣經濟奇蹟，不過從二〇一〇年起他們開始進入六十五歲、正式成為老年人口。

當年這些受過很好教育的中壯年知識群，現在也成了老年知識群。他們無論在經濟上、知識上、健康上，都有能力來關心和照顧老年這個話題。

他們還掌握著今天這個社會的許多資源，他們不再是弱勢或邊緣人，甚至也不再是社會的負擔，他們在物質上和精神上，依賴子女的地方越來越少了。他們有照顧自己的能力。

如何重新定義這一代的老人，並輔之相應的社會政策，將是今天台灣社會的新課題。本書以六個主題與大眾讀者分享，作為老年問題之初探——銀髮趨勢、美國銀髮族生活現況、日本社會對銀髮族的親善關係、銀髮產業與七十再開始的「創齡」思維，作為本書出版的目標。

作者簡介

駱紳／主編．撰文

中國時報前副總編輯、喜大人協會祕書長。

朱迺欣

美國密西根大學（University of Michigan）神經生理學博士，曾任林口長庚醫院神經科主任，長庚醫院顧問級醫師及榮譽副院長，目前退休。

曾思瑜

國立雲林科技大學建築與室內設計系教授，日本國立筑波大學藝術學研子、四成沒孫子，五十年後老年人口將成長三倍，這個預測簡稱為「九〇三四現象」。

台灣少子化現象甚至是國安層級的問題了！

二戰後出生的「嬰兒」潮人口曾支撐起台灣經濟奇蹟，不過從二〇一〇年起他們開始進入六十五歲、正式成為老年人口。

當年這些受過很好教育的中壯年知識群，現在也成了老年知識群。他們無論在經濟上、知識上、健康上，都有能力來關心和照顧老年這個話題。

他們還掌握著今天這個社會的許多資源，他們不再是弱勢或邊緣人，甚至也不再是社會的負擔，他們在物質上和精神上，依賴子女的地方越來越少了。他們有照顧自己的能力。

如何重新定義這一代的老人，並輔之相應的社會政策，將是今天台灣社會的新課題。本書以六個主題與大眾讀者分享，作為老年問題之初探——銀髮趨勢、美國銀髮族生活現況、日本社會對銀髮族的親善關係、銀髮產業與七十再開始的「創齡」思維，作為本書出版的目標。

作者簡介

駱紳／主編．撰文

中國時報前副總編輯、喜大人協會祕書長。

朱迺欣

美國密西根大學（University of Michigan）神經生理學博士，曾任林口長庚醫院神經科主任，長庚醫院顧問級醫師及榮譽副院長，目前退休。

曾思瑜

國立雲林科技大學建築與室內設計系教授，日本國立筑波大學藝術學研究……分野設計學博士。

盧志

財團法人金屬工業研究發展中心區域研發服務處專案經理，國立陽明大學醫學工程研究所博士。

編目(CIP)資料

國家圖書館 曾思瑜、劉豊志、駱紳著；駱紳

創齡 新北市立緒文化事業有限公司, 民111.04
主編 (分享叢書；14)

面
986-360-189-0 (平裝)

IS
2.長期照護 3.生活指導

8 111004426

創齡（2022 年版）

出版——立緒文化事業有限公司（於中華民國 84 年元月由郝碧蓮、鍾惠民創辦）
主編——駱紳
作者——朱迺欣、曾思瑜、劉豊志、駱紳

發行人——郝碧蓮
顧問——鍾惠民

地址——新北市新店區中央六街 62 號 1 樓
電話——(02) 2219-2173
傳真——(02) 2219-4998
E-mail Address —— service@ncp.com.tw
劃撥帳號—— 1839142-0 號 立緒文化事業有限公司帳戶
行政院新聞局局版臺業字第 6426 號

總經銷——大和書報圖書股份有限公司
電話——(02) 8990-2588
傳真——(02) 2290-1658
地址——新北市新莊區五工五路 2 號
排版——伊甸社會福利基金會附設電腦排版
印刷——尖端數位印刷股份有限公司

法律顧問——敦旭法律事務所吳展旭律師

分類號碼—— 544.8
ISBN —— 978-986-360-189-0
出版日期——中華民國 101 年 8 月～ 103 年 3 月初版 一～三刷（1 ～ 4,500）
中華民國 107 年 9 月二版 一刷（1 ～ 1,000）
中華民國 111 年 4 月三版 一刷（舊版更換封面）

定價◎ 350 元（平裝）